Et si on parlait de sexe à nos ados ?

Pr Israël Nisand
Dr Brigitte Letombe
Sophie Marinopoulos

Et si on parlait de sexe à nos ados ?

Pour éviter les grossesses non prévues chez les jeunes filles

Préface de Jeannette Bougrab
secrétaire d'État chargée
de la Jeunesse et de la Vie associative

Odile
Jacob

Avec la participation de Karima Bettahar-Lebugle,
Jacques Machu, Alexandra Rault

Commission promotion de la santé des femmes,
Collège national des gynécologues obstétriciens français,
Fédération nationale des collèges de gynécologie médicale

Rapport remis à Madame Jeannette Bougrab
secrétaire d'État chargée
de la Jeunesse et de la Vie associative

15, rue Soufflot, 75015 Paris

www.odilejacob.fr

ISBN : 978-2-7381-2756-3

PRÉFACE

Aurélie, c'est le titre de la dernière chanson de Colonel Reyel, hit de cet été, vu plus de 22 millions de fois sur Internet. Adoré des jeunes, Colonel, chanteur de RnB, raconte l'histoire de cette jeune fille de 16 ans qui attend un enfant et qui refuse l'avortement malgré les conseils de ses parents et amis. Elle se sent prête pour qu'on l'appelle « maman ». Rejetée par ceux qui auraient dû la soutenir, elle est idéalisée par Colonel, qui fait de cette chanson une ode à toutes les filles-mères. Nouveau phénomène où les héroïnes sont des adolescentes enceintes, comme dans la série télévisée *Clem*, qui a réuni plus de 9 millions de téléspectateurs sur TF1. Ou encore *Juno*, film américain mettant en scène une adolescente tombée enceinte par accident, dont la trame du récit est la recherche par cette gamine très mature de la famille adoptive idéale pour l'enfant qu'elle va mettre au monde. Ce film a reçu l'Oscar du meilleur scénario original. Plus récemment, c'est *17 Filles*, film français présenté à Cannes dont l'histoire est inspirée d'un fait réel aux États-Unis où, en 2008, plusieurs adolescentes d'un même lycée décident de faire un pacte : être enceintes en même temps. Je pourrais encore citer le dernier livre de Vanessa Schneider, *Le Pacte des vierges*... Que signifie cet attrait soudain du cinéma ou de la littérature pour les mères adolescentes ? Faut-il y voir le reflet d'une nouvelle tendance de notre société ? Peut-être... ou pas.

Ces fictions ont souvent le défaut d'idéaliser le fait d'être mère à 15 ans. La vision romantique de la grossesse précoce est critiquable, car souvent ces jeunes filles sont elles-mêmes fragiles et désirer un enfant, pour elles, tend à combler un manque affectif. Elles pensent ainsi qu'elles seront enfin aimées.

J'ai décidé de confier à Israël Nisand, chef du service gynécologie-obstétrique du CHRU de Strasbourg, un rapport sur un sujet audacieux qui suscitera sans nul doute des remous, des protestations, des indignations. Mais ignorer le sujet serait pire. Prendre des risques, c'est parfois ne pas en prendre. J'ai donc pris le risque d'aborder un sujet tabou : la sexualité des adolescents qui peut aboutir à la naissance d'un enfant désiré ou non.

En 2010, 18 000 mineures sont tombées enceintes, 4 500 sont allées au bout de leur grossesse. Presque 12 000 jeunes filles pour la seule tranche d'âge des 15-17 ans ont eu recours à une IVG en 2009, 17 000 pour la tranche des 17-19 ans. Il n'est donc plus acceptable d'ignorer un tel sujet car il constitue un marqueur social : ce sont bien souvent des enfants des milieux défavorisés qui sont touchés. Comme le relate une étude de la CAF, la venue d'un enfant chez une mineure va renforcer leurs situations de précarité, accentuées par le fait que 35 % de ces jeunes filles auront un autre enfant dans les deux ans. Rejetées parfois par leurs familles, mises à la porte du domicile familial, elles se retrouvent dans des foyers pour mineures avec leur enfant. Elles arrêtent souvent leurs études et se retrouvent sans emploi ou à enchaîner les petits jobs alimentaires. Ces petites isolées ne peuvent témoigner de leur désarroi, de leur difficulté d'être mère. Comment pourrait-il en être autrement quand on est encore une enfant ?

Parce que ce sont souvent des jeunes filles fragiles qui ont parfois même été victimes d'abus sexuels, d'inceste, il est de notre devoir d'ouvrir ce dossier délicat. La mesure urgente et nécessaire, comme le préconisent d'ailleurs plusieurs rapports dont celui de l'IGAS, c'est d'assurer aux jeunes mineures l'accessibilité, la gratuité et l'anonymat de tous les modes de contraception : anneau, pilule, patch, stérilet, implant. La France est le pays des paradoxes : l'IVG, mode ultime, est gratuite et anonyme ; la pilule du lendemain aussi. En revanche, la contraception au quotidien est quasiment impossible pour des jeunes filles, en particulier pour celles résidant en zone rurale. L'inégalité territoriale est manifeste. Pourtant, l'adage populaire « mieux vaut prévenir que guérir » devrait s'appliquer. Car, explique Israël Nisand, subir un avortement à 15 ans n'est sans nul doute pas sans conséquence à moyen terme. Nous devons rendre gratuits et anonymes tous les moyens de contraception et pas uniquement la pilule. En effet, cette dernière n'est pas nécessairement le mode de contraception le plus adapté pour ces gamines, le risque d'oubli et donc de non-protection est réel. Elles craignent aussi que leurs parents tombent sur leur plaquette de pilules. Encourageons la prescription des moyens alternatifs à la pilule ! Les laboratoires pharmaceutiques doivent s'engager aux côtés de l'État pour aider ces jeunes filles. Si on devait être cynique, c'est tout leur intérêt car elles seront des clientes pour eux pendant presque trente ans, le temps de la fécondité.

Contrairement à ce que l'on pourrait penser, parler de sa vie intime avec ses parents n'est pas chose aisée, même en 2012 et en France. Dans beaucoup de familles, la sexualité est un tabou, les jeunes filles dans certaines familles doivent rester vierges. On assiste à une augmentation de la reconstitution de l'hymen pour éviter ce que certains appellent le déshonneur de la famille. On croyait ces pratiques d'un autre temps, elles sont pourtant là. Des crimes d'honneur existent aussi en France. Comment peut-on imaginer que ces jeunes filles parlent en confiance de sexualité avec leur entourage ? Elles devraient avoir la vie devant elles, faire des études, occuper un emploi pour être autonomes et choisir en toute conscience le moment opportun pour réaliser leur désir. Des référents adultes doivent être identifiés par ces jeunes pour prévenir le risque d'une grossesse précoce. Ce qui nous conduit *in fine* à aborder le sujet tabou : la sexualité des adolescents.

Refuser d'en parler, d'en discuter ne l'a fait pas disparaître. Les jeunes ont des désirs qu'ils réalisent ou qui restent parfois au stade du fantasme... L'adolescence est l'âge des interrogations, des expérimentations, des transgressions... Rien de plus normal. Notre rôle d'adultes est de préparer les plus jeunes à affronter des choses qui souvent nous dépassent. Faute d'aborder les sujets qui ne sont en réalité que la vie, l'amour, la tendresse, le désir... ils vont chercher par eux-mêmes les réponses à leurs questions. Ils se retrouvent à surfer sur le Net sur des sites pornographiques : 30 % des consommateurs de pornographie seraient âgés de 13 à 14 ans. Une enquête européenne montre que 80 % des garçons de 14 à 18 ans et 45 % des filles du même âge ont vu un film porno dans l'année écoulée. Refuser de dialoguer avec les plus jeunes de sexualité les conduit à regarder des images avilissantes pour les femmes. Or la pornographie se résumant dans l'érection et la pénétration les plus *trash* devient un modèle à imiter. Il nous faut protéger les plus jeunes de ces images pornographiques sur le Net, par exemple en taxant davantage les fournisseurs d'accès de sites pornographiques comme les sites eux-mêmes et en exigeant la production d'une carte bancaire dès la première image.

Le rapport remis par ces trois grands spécialistes, Israël Nisand, Brigitte Letombe, Sophie Marinopoulos, est davantage qu'un rapport sur les grossesses précoces : il ose aborder de manière transversale, médicale, sociale, psychanalytique, éducative... des sujets sensibles parce qu'ils touchent à nos enfants, à leur intimité. Il propose des mesures pragmatiques et concrètes pour prévenir et guérir les maux de l'adolescence. Ce rapport a pour vocation de susciter une réflexion plus large autour d'une question qu'il nous faut impérativement, nous adultes, assumer et regarder en face : la sexualité des adolescents.

Jeannette BOUGRAB, secrétaire d'État
chargée de la Jeunesse et de la Vie associative

INTRODUCTION

La France vit un dérangeant paradoxe en ce qui concerne les grossesses non prévues chez les jeunes femmes et notamment les mineures : interruption volontaire de grossesse gratuite et anonyme mais contraception payante et non confidentielle[1]. La stabilité des taux d'IVG en France masque l'augmentation continue du nombre d'IVG chez les jeunes femmes de 15 à 25 ans. En 1990, pour les mineures, il y avait eu 8 766 IVG. En 2009, les derniers chiffres disponibles font état de 11 930 IVG pour la seule tranche d'âge des 15-17 ans. S'y ajoutent les 17 693 IVG des 18-19 ans et les 52 360 IVG des 20-24 ans.

Si l'on peut raisonnablement s'accorder sur l'idée qu'il vaut mieux prévenir les IVG chez les jeunes plutôt que d'avoir à les réaliser, force est de constater que les initiatives prises en la matière demeurent circonscrites et relèvent bien souvent d'un militantisme personnel ou d'associations qui, comme le planning familial, tentent, avec les moyens dont elles disposent, d'endiguer le phénomène.

Comment expliquer le décalage entre, d'un côté, l'expression de ce qui constitue à nos yeux une question de santé publique et, de l'autre, l'apparente frilosité qui caractérise, à ce jour, sa prise en charge par la société ? Sans doute doit-on se garder de rechercher une cause unique à cet état de fait et d'en imputer

1. Sauf dans les centres de planification dont il faut bien admettre l'insuffisance quantitative.

l'entière responsabilité aux politiques. Certes, les décisions dans ce domaine sensible sont difficiles, mais rien ne saurait justifier une attitude fondée sur l'immobilisme qui confinerait à l'irresponsabilité à l'égard d'un sujet, la sexualité des jeunes, dont l'évocation (ou son absence) révèle le trouble d'une société qui se prétend par ailleurs mature.

Bien que certains auteurs prétendent que l'IVG à 15 ans ne laisse pas nécessairement de séquelles, aucun parent n'aimerait que sa propre fille en fasse l'expérience. Et pourtant, cela peut arriver dans toutes les familles puisque une femme sur deux fait face, un jour dans sa vie, à une grossesse non prévue. L'accès facile à l'IVG, nouveau droit incontestable des femmes, ne doit pas cacher pour autant que cet événement de vie peut entraîner des séquelles, notamment psychiques[1]. Ainsi, une analyse toute récente de vingt-deux études cumulées sur 877 181 femmes dont 163 831 avaient eu au moins une IVG s'efforce d'évaluer l'incidence éventuelle d'un avortement sur la santé mentale. Elle montre une multiplication par quatre du risque de suicide et une augmentation des addictions et des troubles dépressifs et anxieux. Si l'IVG a toute sa place en cas d'échec de contraception, elle ne doit pas être banalisée ni encore moins se substituer à la contraception.

La vraie question est donc de savoir si la France a fait tout ce qui était possible pour limiter les grossesses non souhaitées chez les jeunes. Et la réponse à cette question est pour l'instant clairement négative :

– Une loi sur l'information sexuelle à l'école qui n'est tout simplement pas appliquée.

– Des centres de planification aux moyens indigents et qui d'ailleurs ne couvrent qu'une faible partie du territoire.

– Des choix mal adaptés, exclusivement curatifs au lieu d'être préventifs.

– Aucune analyse épidémiologique sérieuse de la situation, en dehors des chiffres tardifs et sans doute sous-estimés des IVG.

Le sujet ne semble donc pas avoir été abordé dans sa globalité et traité en termes de santé publique. Et ce sont les jeunes

1. Coleman P. K. et coll., « Abortion and mental health : Quantitative syntesis and analysis of research published 1995-2009 », *Br. J. Psychiatry*, 2011, 199, p. 180-186.

femmes de notre pays qui font les frais de cette carence collective. Ce qui différencie la France des pays qui ont mieux réussi qu'elle dans le domaine de la prévention des grossesses non souhaitées, c'est le véritable tabou[1] qui règne encore aujourd'hui sur la sexualité des adolescents : c'est un sujet dont on ne parle pas, qui n'existe pas, et qui donc ne pose pas de problème. Ce tabou est intériorisé par nombre de jeunes qui, déjà culpabilisés par leurs relations sexuelles cachées, s'estiment en situation aggravée de véritable « préméditation » si, de surcroît, ils mettent en œuvre une contraception. Ce tabou, déjà perceptible quand on souhaite entrer dans les écoles, les collèges et les lycées pour donner de l'information aux jeunes, s'est récemment illustré par les réactions de certaines fédérations de parents d'élèves à la diffusion du « pass'contraception » en Île-de-France, mais aussi par le refus de nombreux lycées de promouvoir ce premier pas, bien timide pourtant.

Chacun imagine que l'information sur la sexualité est disponible pour le plus grand nombre. Tout le monde pense que la contraception est largement accessible. On est loin de soupçonner le degré d'ignorance des jeunes, le nombre d'idées aberrantes, renforcées par la pensée magique si fréquente à ces âges. On ignore les obstacles et les entraves que vivent les jeunes dans ce domaine. Non informés ou mal informés, ils n'ont aucun moyen préventif à leur disposition sauf à se dévoiler à contretemps, parfois en urgence, à leurs parents, ce qui peut dissuader les plus décidés. On ne peut donc que déplorer le manque de sensibilisation de notre société face à l'importance de l'information à la sexualité. On apprend à nos jeunes à traverser la rue sans se faire renverser, mais on ne leur apprend pas à débuter leur vie sexuelle en évitant les écueils que celle-ci peut recéler. Il y a bien là une forme d'irresponsabilité collective.

Sans avoir sciemment recherché une telle contradiction, la France permet donc que l'IVG soit anonyme et gratuite, permet que la contraception d'urgence le soit également, mais n'offre pas cette possibilité pour la contraception de base, sauf dans les

1. Bajos N., Moreau C., Léridon H., Ferrand M., « Pourquoi le nombre d'avortements n'a-t-il pas baissé en France depuis trente ans ? », *Population & Sociétés*, 2004, 407.

centres de planification et planning familial trop peu nombreux et mal répartis sur le territoire. Certes, personne n'a organisé cela. Mais le résultat, non délibéré, est là qui nous impose de réfléchir enfin à cette problématique pour essayer d'en changer les prémisses.

Les conséquences de ce véritable point aveugle de notre société sur la sexualité des adolescents vont bien au-delà du taux élevé d'interruptions volontaires de grossesse chez les jeunes. On l'a dit, l'éducation à la sexualité, bien qu'encadrée par une bonne loi en 2001[1], est loin d'être effective. On peut même dire, sans risque de se tromper, que cette loi n'est aujourd'hui appliquée nulle part, malgré des tentatives louables ici et là, dues au volontarisme de certains et au bénévolat de tous ceux qui tiennent à ne pas en rester là. L'absence de discours éducatif a laissé la place libre, en guise d'enseignement, aux images obscènes et misogynes de la pornographie qui touche désormais plus de 95 % des moins de 18 ans et atteint même de plus en plus les très jeunes. Aux parents qui estiment avoir la capacité de promouvoir eux-mêmes l'éducation de leurs enfants à la sexualité et qui prennent ombrage de ce que d'autres puissent leur venir en aide à un moment difficile, il faut rappeler que leurs enfants ne veulent pas risquer de les décevoir et cherchent à les protéger en cachant soigneusement leurs premiers pas affectifs et sexuels.

L'absence de parole des adultes dans l'éducation à la sexualité a des conséquences qui sont loin d'être correctement explorées et l'augmentation de la violence sexuelle ne saurait étonner une société frileuse qui tourne pudiquement le regard devant ses responsabilités.

Si la vague des infections sexuellement transmissibles a amené dans les années 1990 à aborder ces sujets dans les écoles par le biais du préservatif et de son usage recommandé aux jeunes, malheureusement, l'éducation à la vie affective n'a pas profité de cette opportunité. De surcroît, la substitution du préservatif, mal et insuffisamment utilisé chez les jeunes, à d'autres contraceptions plus efficaces a participé sans doute pour une

1. Loi du 4 juillet 2001-588, article L. 312-16 du Code de l'éducation.

part à l'augmentation des grossesses non prévues dans cette classe d'âge.

La France vit donc une profonde contradiction interne : tout le monde est d'accord pour dire qu'il vaut mieux prévenir les interruptions de grossesse plutôt que d'avoir à consoler les jeunes femmes de passage dans nos hôpitaux, mais personne ne met en œuvre la politique de santé publique à même de les faire véritablement diminuer.

Sollicités par Jeannette Bougrab, secrétaire d'État chargée de la Jeunesse et de la Vie associative pour l'éclairer sur les modalités d'une action qui pourrait améliorer la situation[1], nous avons réuni dans ce document des préconisations que nous estimons susceptibles de faire diminuer les grossesses non prévues chez les jeunes femmes et particulièrement les mineures.

Le bon sens conduit en effet à préférer prévenir cet événement que beaucoup s'accordent à considérer comme indésirable. Événement qui de surcroît ne touche que les femmes, une discrimination de plus qui atteint le corps et la biographie d'un trop grand nombre d'adolescentes aujourd'hui en France.

Sujet féministe donc, mais aussi, et surtout, sujet de santé publique.

Après avoir envisagé le développement psychique normal de l'adolescent, nous analyserons les conséquences prévisibles de l'apprentissage de la sexualité par la pornographie. Puis, un état des lieux de la situation française et un regard rapide sur les pays qui ont travaillé ce sujet nous permettront de décrire ensuite ce qui pourrait être réalisé en France sur le plan de l'organisation des soins mais aussi sur celui de l'information à la sexualité dans les écoles. Des propositions découleront pour tenter une synthèse de ce qui a déjà été proposé dans ce domaine et de nos constatations.

À l'évidence, un programme national de santé publique en lieu et place des nombreuses initiatives actuelles, certes louables mais immanquablement réductrices, est souhaitable. Ce rapport entend précisément jeter les fondements d'une action collective, globale et responsable, destinée à accompagner notre jeunesse.

1. *Cf.* la lettre de mission de Jeannette Bougrab en annexe 1.

Il a vocation à susciter la réflexion autour d'une question qu'il nous faut, nous adultes, dépassionner et regarder en face. Faute d'y parvenir, d'autres ont d'ores et déjà compris tout l'intérêt qu'ils pouvaient tirer d'une situation dans laquelle nous laissons une partie de notre jeunesse démunie, construire, seule, son rapport à la sexualité.

Partie I

ADOLESCENCE ET SOCIÉTÉ

CHAPITRE 1

ÊTRE ADOLESCENT AUJOURD'HUI

Aurions-nous peur de nos adolescents ?

Cette question que pose Philippe Jeammet en introduction de son ouvrage[1], nous pourrions la compléter par une autre : « Avons-nous peur de la sexualité de nos adolescents ? » Et si c'est le cas que redoutons-nous le plus : la fin de leur enfance ? Le rapprochement du statut de jeune adulte ? Les dangers possibles de la sexualité ? Les dangers inhérents à la vie quand l'enfant n'est plus sous notre regard ?

L'adolescence est ainsi ; elle questionne, elle est exigeante et vient révéler tout ce qui est en jeu depuis l'enfance sur un plan tant affectif, que relationnel et éducatif. Avare de mots, l'adolescent, s'exprime par somatisations, comportements, humeurs et traduit son état d'être au jour le jour, déstabilisant l'entourage, qui craint le pire. Qui n'a pas entendu à propos de son enfant : « Tu verras quand il sera ado, il t'en fera voir de toutes les couleurs ! » Ou encore : « Prépare-toi, ça va pas être simple et puis, vu son caractère, tu n'es pas sorti d'affaire. » Les rumeurs courent sur les adolescents : ce seraient des êtres complexes, difficiles, opposants, voire violents.

1. Jeammet P., *Pour nos ados, soyons adultes*, Paris, Odile Jacob, 2008.

Les transformations tant physiques que psychiques sont profondes. Et pourtant, contrairement aux idées reçues, la plus grande majorité des adolescents va bien. Cette période de leur développement est une épreuve et ils en sortent grandis. Aussi, penser et imaginer leurs conditions d'accès à l'éducation, et en particulier à la santé affective, relationnelle et sexuelle, ne peut se faire que sur un mode préventif et non prédictif. Nous ne sommes pas en train d'imaginer que nos jeunes sont en perdition, qu'ils ne savent rien de la sexualité, qu'ils font n'importe quoi, et qu'ils se mettent forcément en danger. Nous ne cherchons pas non plus à déposséder les parents de leur rôle essentiel et premier auprès de leurs enfants. Parents et adolescents sont nos partenaires. Notre travail et nos propositions s'inscrivent dans une confiance réciproque dans les uns et les autres.

Pour situer le cheminement de notre réflexion, nous allons prendre appui sur ce que la clinique de l'enfance et de l'adolescence nous a appris. L'adolescent est porteur de son enfance, plus précisément d'une part infantile qui va jouer un rôle dans son *être adolescent*. La croissance de l'enfant, et ce dès sa naissance, va avoir une incidence émotionnelle, psychoaffective, et relationnelle sur les enjeux de l'adolescence.

Notre « leitmotiv » repose sur l'affirmation suivante : *l'adolescence n'est pas une maladie*, mais un défi de notre croissance d'être humain. Il en existe d'autres. Tels le passage à l'âge adulte, l'entrée dans la parentalité puis dans les troisième et quatrième âges.

Le défi de l'adolescence demande à être accompagné, et là est le rôle des adultes et de notre société. Penser pour nos enfants et nos adolescents se fait aux niveaux tant familial, que social et plus largement politique.

Le concept de santé psychique

La psychologie s'intéresse à la *santé psychologique* d'un sujet que celui-ci soit dans la période de l'enfance, de l'adolescence ou de sa vie d'adulte. Elle se réfère essentiellement à la bonne *santé relationnelle* de l'enfant, l'adolescent ou l'adulte, c'est-à-dire à la façon dont celui-ci entre en relation avec les siens et avec tout ce qui l'entoure.

Le psychisme est un concept plus large et se réfère à une santé plus complexe, la *santé psychique*[1], méconnue du grand public et d'une grande part des non-spécialistes qui la confondent avec la santé mentale. Cette dernière évoque la maladie et concerne le soin. La santé psychique, quant à elle, relève du champ de la prévention et de l'équilibre de la vie affective. Elle est à relier à la constitution des liens précoces et à ce qui fonde la psyché : le narcissisme primaire (se sentir bien dans sa peau), l'estime de soi (savoir que l'on a de la valeur), un bagage affectif (savoir donner et recevoir des sentiments), une sécurité intérieure (qui est l'assurance d'être aimé pour soi-même et que chaque éloignement de ceux qu'on aime n'est pas une menace de perte), un bagage émotionnel (savoir partager sur ce que l'on ressent).

Nous verrons qu'à chaque grand moment de sa croissance, l'enfant est déstabilisé dans ces fondamentaux qui se trouvent modifiés. Par exemple à l'adolescence, le jeune aspire à l'autonomie tout en la redoutant. Il crie son besoin de se débrouiller seul et n'a peur que d'une chose, se retrouver réellement seul ; il a besoin que ses parents puissent entendre cette double demande et qu'ils puissent trouver un juste équilibre relationnel avec lui. Quand le parent prend au pied de la lettre la demande de l'adolescent et le laisse tomber dans la réalité, il provoque chez lui un sentiment d'abandon abyssal contre lequel il lutte par des comportements de mise en danger (fugue, addiction, transgression comportementale).

Comme c'est le cas physiquement, les enfants et les adolescents ne grandissent pas tous psychiquement à la même vitesse. Certains ont une croissance rapide et précoce tandis que d'autres grandissent *sur le tard*. Cela n'a aucune incidence sur leur santé. L'idée n'est pas que l'enfant ou l'adolescent fasse vite, qu'il soit précoce, mais qu'il puisse franchir les étapes de sa croissance, qu'il acquière ce dont il a besoin pour être un enfant *bien dans sa peau*. Expérimenter sa vie reste un enjeu au quotidien pour chacun d'entre nous. Les enfants et les adolescents n'échappent pas à la règle. La vie affective avec ses désirs et les

1. Marinopoulos S., *Le Corps bavard*, Paris, Fayard, 2007.

nécessaires refoulements qui l'accompagnent, est parfois source de souffrances et de tensions multiples.

Grandir est une expérience personnelle et complexe. Réaliser qu'on est un être différent de son parent à 6 mois ; apprendre à s'éloigner de ses parents à 2 ans grâce à ses progrès moteurs ; découvrir la différence des sexes à 3 ou 4 ans et donc aimer autrement ses parents ; s'ouvrir à l'amitié à 6 ou 7 ans et prendre le risque de ne pas recevoir à l'identique en retour ; vivre à 11-13 ans la transformation de son corps, qui se sexualise et expose à des sentiments nouveaux, contradictoires ; expérimenter ce nouveau corps sexué dans les bras d'un(e) autre avec les risques de ne pas savoir partager, aimer, ne pas vouloir vraiment entrer dans cette relation affective ; tomber amoureux et devenir dépendant de ce sentiment amoureux autant que de l'amoureux(se) lui-même. Tous ces temps de la vie avec leurs différentes expériences demandent au bébé, au petit enfant, à l'enfant grand, à l'adolescent, à l'adolescent majeur, beaucoup de courage, de volonté et de confiance en soi, en l'autre et au monde.

Plus l'enfant est en bonne santé psychique, donc relationnelle et affective, plus il sera fort dans les épreuves de sa croissance. Pour l'adolescent, la sexualisation de son corps et la vie sexuelle qui s'annonce pour lui sont des épreuves fortes de cette croissance. Elles sont normales et incontournables. L'adolescent a besoin à la fois d'une présence de l'adulte mais aussi que celui-ci entende que quelque chose doit lui échapper pour qu'il advienne à son tour. La juste distance à trouver est au cœur des questions que soulèvent la croissance des enfants et l'entrée dans l'adolescence.

L'intimité de l'enfant, les limites qui s'opèrent dans le lien parent-enfant sont des questions qui appartiennent pleinement aux parents et qui sont régulièrement abordées dans un lieu d'accueil dénommé « Les pâtes au beurre » : unique et innovant en matière de prévention[1], cet endroit permet de mettre en mots

1. Créé en 1999 par un des auteurs de ce rapport (SM), à Nantes, ce lieu est subventionné à hauteur de 60 % par l'État, le conseil général de Loire-Atlantique, la mairie de Nantes et la CAF de Loire-Atlantique. Deux lieux fonctionnent : un à Nantes au 73, rue Léon-Jost 44300 Nantes, et un à Carquefou subventionné par la mairie de Carquefou, Château de Florigny, 44470 Carquefou. Mail : pates.au.beurre@wanadoo.fr

les questions et d'éviter la violence ordinaire et les passages à l'acte. Là, des psychologues proposent aux parents de venir anonymement, gratuitement et sans rendez-vous, pour aborder les relations familiales et les interrogations que leur pose la croissance de leur enfant. C'est dans la cuisine d'un modeste appartement, que les professionnels partagent avec eux (en présence ou non des enfants et adolescents) sur de nombreux sujets : la vie affective à tous les âges, les besoins des adolescents et leurs ambivalences, l'autonomie, le début de la vie amoureuse du jeune, la place de l'autorité. Et la question récurrente de savoir comment rester parent à part entière tout en acceptant une distance nécessaire est au cœur de ce dispositif qui se vit dans ce lieu unique devenu au fil du temps, « l'appartement des parents ».

« Parler » pour prévenir, « parler » pour partager, « parler » pour s'approprier avec d'autres parents d'adolescents une préoccupation majeure, est indispensable. Pour les professionnels, c'est une façon d'être avec eux à distance et de prendre leur juste place à leurs côtés pour lutter contre un fléau grandissant : la pornographie.

L'éducation sexuelle et les comportements préventifs de nos adolescents en matière de sexualité reposeront prioritairement sur une éducation à la vie affective, émotionnelle et relationnelle. Le respect de soi et de l'autre s'inscrit dans un parcours de vie. L'enfant doit en être imprégné dès son plus jeune âge. Là est le rôle des parents.

Mais en parallèle il est important qu'ils soient prévenus de la montée influente de la pornographie et qu'ils prennent conscience de sa dimension néfaste. Beaucoup de parents ignorent que leurs enfants voient des films pornographiques et que cela a un effet délétère sur leur vie affective sexuée. Les professionnels ont un rôle à jouer auprès des parents pour les aider à anticiper ces situations et leur permettre de mieux les appréhender.

CHAPITRE 2

LA PORNOGRAPHIE ÉDUQUE NOS ENFANTS

Du droit au plaisir au devoir de performance

La libération sexuelle a eu des effets positifs pour les hommes certes, mais surtout pour les femmes : le droit au désir et au plaisir, à la vie sexuelle sans que celle-ci soit nécessairement liée à la reproduction. Elle a permis d'en finir avec la honte sexuelle et la culpabilité systématique. Nous avons aujourd'hui plus de tolérance et de respect des différences, ce qui a contribué à éliminer diverses formes de répression sexuelle.

Il y a eu cependant des effets pervers à cette libération. On assiste à une objectivation et à un morcellement de la sexualité[1]. Le droit au plaisir semble avoir laissé la place à un devoir de plaisir. La performance sexuelle est désormais considérée comme une obligation. La commercialisation de la sexualité humaine sous diverses formes (publicités, cybersexe, etc.) donne une image parcellaire et souvent trompeuse de ce que représente la sexualité dans la vie des hommes et des femmes. D'ailleurs, certains s'inquiètent de savoir si notre société n'est pas devenue une société de l'excès, impudique, érotique et publicitaire.

---

1. Duquet F., « Qui trop embrasse, mal étreint ? », *Les Cahiers de l'adolescence*, décembre 1997, 14, p. 19-22.

Dans ce contexte sociétal, la question se pose de savoir ce que nous devons transmettre à nos jeunes.

Devant le perpétuel bombardement de messages sexuels pornographiques dont ils font l'objet, il importe de les aider à en décoder le sens. La sexualité est au cœur de l'identité sexuelle au-delà du genre, de la relation à l'autre, de l'épanouissement et du bien-être d'une personne. Et c'est à nous, adultes, de les accompagner dans cette incontournable réflexion sur la connaissance de soi et le rapport aux autres, y compris au niveau de la sexualité. Et ce, avec sensibilité et discernement.

Ces dernières années, de nouveaux faits divers médiatisés sont apparus chez les jeunes de 14-15 ans : appelés « tournantes », il s'agissait en fait de viols collectifs inspirés par des scènes de films pornographiques. Mais, plus inquiétant encore même si cela n'est pas médiatisé, ces scènes se produisent désormais avec le consentement de jeunes filles imprégnées de pornographie[1]. L'entrée dans la sexualité passerait-elle désormais par la pornographie qui jouerait un rôle dans la maturation psychique des adolescents[2] ?

Le mot « pornographie », qui a vu le jour en 1769, vient des mots grecs *porné* (fille publique, femme de mauvaise vie) et *graphein* (écrire). Il désigne celui qui décrit des prostituées, des femmes captives, d'où l'appellation de « maisons closes ». Cette description n'a pas changé depuis, même si la technologie en a modifié la forme. Pour Gérard Bonnet : « La pornographie consiste en la représentation plastique des organes sexuels génitaux en tant que tels ainsi que des principales zones érogènes rendues visibles grâce à des mises en scène de coïts où on multiplie les postures. L'image est directe et elle est projetée avec la même violence que le sexe lors du coït de telle façon que le spectateur le reçoive de plein fouet[3]. » Ou encore : « L'acte sexuel n'y est pas représenté comme le fruit d'une rencontre, d'un choix qui amène deux

---

1. Duquet F., « L'empire du sexe dans les médias », *L'École branchée*, janvier 2004, 6 (5), p. 11.

2. Marzano M., Rozier C., *Alice au pays du porno. Ados : leurs nouveaux imaginaires sexuels*, Paris, Ramsay, « Questions de familles », 2005.

3. Bonnet G., *Défi à la pudeur*, Paris, Albin Michel, 2003.

personnes à vivre leur sexualité, d'un désir de partager avec quelqu'un sa propre intimité. Il est réduit à un assemblage de corps quasi anonyme[1]. »

La pornographie : un traité sur la virilité

La pornographie est essentiellement un traité sur la virilité. Ce traité assure la déshumanisation systémique de toutes les femmes afin de préserver, sous le drapeau de la liberté d'expression, la suprématie des « vrais » hommes, ainsi que l'éthique de leur civilisation et les politiques de leurs désirs. L'étude de la pornographie représente l'une des meilleures illustrations de notre histoire pour saisir, comprendre et analyser l'émotivité et la sexualité masculines dans toute leur fragilité, leur tristesse et leur aliénation.

La pornographie se résume à l'apologie de l'érection et à la pénétration du pénis dans les trois orifices féminins : la bouche, le vagin, l'anus. Internet a démocratisé la pornographie, au point où pratiquement tout le monde y est exposé, et notamment les jeunes. Environ sept millions de sites Internet offrent de la pornographie, ce qui compose une part importante du trafic sur Internet. De nombreuses personnes, des hommes à 95 %, en deviennent dépendantes. Le cybersexe forge une image très déformée de la femme, et il perturbe l'équilibre psychologique des personnes qui en consomment : une étude américaine a montré que des hommes non dépendants, devenaient plus agressifs vis-à-vis des femmes lorsqu'ils étaient exposés intensivement à de la pornographie non violente, dite soft.

Les réseaux sociaux où chacun peut s'exposer à moitié nu, voire en cours de rapports sexuels parfois filmés à son insu participent de ce phénomène d'une exposition généralisée de l'intimité. Il est aujourd'hui permis de s'exposer sur la toile, voire d'exposer l'autre sans son consentement. Ce qui était

1. Marzano M., *La Pornographie ou l'épuisement du désir*, Paris, Buchet-Chastel, 2003.

délictueux dans l'espace public ne l'est plus sur le Web. Or on sait combien les jeunes sont avides de ces réseaux sociaux où la drague par des pédophiles commence d'alimenter les rubriques de faits divers.

Les adolescents consomment de la pornographie

Environ 30 % des consommateurs de pornographie sont des adolescents, âgés de 13 et 14 ans. Nourris de ces images, les jeunes ont un rapport de plus en plus trouble face à la sexualité, puisqu'ils ne peuvent en parler à personne. Même en 2011, on parle fort peu de sexualité en famille.

Les jeunes garçons, dès l'âge de 9 ou 10 ans, sont excités par les images qu'ils regardent, mais sont aussi fortement perturbés sur le plan psychologique. La vision de ces images constitue une véritable épreuve pour des sujets en cours de maturation. Cela ressurgira lorsque, plus âgés, ils transposeront ce qu'ils auront vu dans leur propre sexualité et voudront développer leur « virilité ». Les graines de la violence sexuelle faite aux femmes et aux enfants sont bel et bien semées en très bas âge. La pornographie est une invalidation de l'être humain. Il faut donc beaucoup, beaucoup d'éducation sexuelle à l'école, pour parvenir à une maturité sexuelle et contraceptive et promouvoir des notions aussi fondamentales que le consentement réciproque, la spontanéité et le respect de l'autre.

Faut-il aller jusqu'à inscrire au programme d'éducation sexuelle des écoles le visionnement, accompagné par des adultes, de certaines scènes pornographiques pour en discuter ensuite avec les jeunes ? Ce serait bien sûr excessif et probablement inadéquat. Mais les laisser regarder seuls ces films, avec le risque de demeurer perturbés ou longtemps fixés sur ce qu'ils voient et qu'ils prennent cela pour la vérité, c'est accepter qu'ils intériorisent cette norme caricaturale de la performance technique. S'ils pouvaient en parler, s'ils pouvaient s'exprimer, ils en seraient peut-être moins troublés. Il faudrait que ces films soient dénoncés publiquement et que cette dénonciation commence à l'école, au secondaire. Les parents, hélas, ne peuvent pas voir la réalité en face. Ils pensent tous que leurs enfants ne font pas partie de ceux qui s'initient à la sexualité de cette façon.

Mais est-il possible de bloquer sept millions de sites Internet ? L'impact du cybersexe semble quasiment incontournable : or il banalise la sexualité et enlève toute la dimension sacrée que certaines personnes accordent à la relation entre deux êtres humains. Il faut préserver l'enfance et l'adolescence, développer l'esprit critique en prenant en compte le fait que la pornographie entrave le développement psychique permettant la maturation sexuelle. Organisons avec pugnacité une riposte percutante pour contrer le cybersexe, une véritable coalition d'éducation populaire pour en protéger le plus possible nos enfants !

La pornographie sexualise les enfants et chosifie les femmes

La pornographie, d'un seul mouvement, infantilise les femmes et sexualise les enfants[1]. Elle s'impose à tout un chacun et envahit la sphère publique. Les personnes qui aujourd'hui ne désirent pas en consommer finissent quand même par le faire. Ce n'est plus une démarche volontaire. Voilà la grande différence avec ce qui se passait il y a vingt ans. Mais il y a deux autres différences :

– Les femmes se sont jointes aux consommateurs autrefois exclusivement masculins et sont devenues des consommatrices, ce qui n'était pas le cas auparavant.

– Les consommateurs sont de plus en plus jeunes.

Près de trois garçons sur quatre et plus d'une fille sur deux ont commencé à consommer de la pornographie avant l'âge de 14 ans, ce qui n'est pas sans effet sur leur sexualité et sur leur rapport au corps et à l'autre. Ces chiffres sont confirmés par l'enquête de Michela Marzano[2]. Près de 35 % des garçons avouent consommer

1. Poulin R., *Sexualisation précoce et pornographie*, Paris, La Dispute, « Le genre du monde », 2009.

2. Marzano M., Rozier C., *Alice au pays du porno*, *op. cit.*

souvent ou très souvent de la pornographie. Seulement 1 % n'en consomment jamais. Une enquête européenne sur un large échantillon commanditée par le Conseil supérieur de l'audiovisuel en 2004 montre que 80 % des garçons de 14 à 18 ans et 45 % des filles du même âge ont vu au moins un film X dans l'année écoulée.

Un grand nombre de chercheurs, psychologues, psychiatres, sociologues, criminologues, sexologues commencent à tirer la sonnette d'alarme : la pornographie est devenue le principal moyen d'éducation sexuelle pour les jeunes. De nombreux jeunes hommes croient qu'elle leur permet de découvrir ce que désire « véritablement » une femme lors d'un rapport sexuel. La pornographie se focalise sur le plaisir masculin (l'éjaculation est à la fois l'apogée et le but du spectacle) et sur l'humiliation des femmes. Les codes et les stéréotypes pornographiques ont colonisé non seulement les fantasmes et les désirs mais aussi les comportements.

Les jeunes consomment pour savoir ce qu'il faut faire avec l'autre et comprendre ce qu'il attend d'eux[1]. Cette inféodation à un flux constant de représentations sexuelles explicites et sexistes les plonge dans un univers de stéréotypes[2] qui, même s'ils sont critiques, les influencent durablement dans leurs comportements[3]. La pornographie, malgré ce que cherche à en dire l'air du temps – et surtout ceux qui la vendent –, est loin d'être seulement une affaire d'adultes consentants. La pornographie s'évertue à faire tomber les trois derniers tabous qui entravent son commerce : l'inceste, l'exploitation sexuelle des enfants et le viol.

Et il y a un lien entre pédophilisation de la pornographie et attirance sexuelle induite chez certains hommes pour les fillettes et les adolescentes. Le jeunisme des années 1980 est devenu un ressort idéologique puissant et doit être mis en relation avec l'« adocentrisme » du porno.

Les fillettes, dès l'âge de 7 ans, apprennent à séduire par la mise en valeur sexuelle de leur corps. Transformées en nym-

---

1. Marzano M., Rozier C., *Alice au pays du porno, op. cit.*

2. Poulin R., Laprade A., *Hypersexualisation, érotisation et pornographie chez les jeunes*, Montréal, Sisyphe, 2006 (http://www.sisyphe.org/article.php3?id_article=2268).

3. Poulin R., « Les jeunes, la pornographie et la sexualisation précoce », *Illusio*, automne 2007, 4-5, p. 303-312.

phettes et en Lolita par les marchands de mode et de cosmétiques qui mettent en avant leurs attributs encore inexistants, nombril à l'air, string et pantalons taille basse, décolleté plongeant et vêtements transparents, faux ongles criards et maquillage outrancier, elles apprennent à dépendre du regard de l'autre pour exister. Ainsi, les toutes jeunes filles se forgent une idée de la sexualité centrée sur la séduction et la consommation. Cette érotisation précoce des jeunes filles et ses effets néfastes ont été pointés en France par Blandine Kriegel[1] dès 2002. Elle recommande que la pornographie, « effraction violente dans l'intimité affective des enfants par l'exposition trop précoce de la sexualité des adultes », soit mise hors de portée des enfants.

Les chercheurs confrontés aux enfants ayant des comportements sexuels d'adultes[2] identifient comme causes, l'antécédent d'agression sexuelle et l'exposition trop précoce à des modèles sexuels adultes. Il y a un lien entre le rajeunissement des agresseurs, la consommation pornographique et la sexualisation précoce[3].

Les jeunes filles sont poussées socialement à adopter des attitudes et des comportements de « petite femme sexy ». Les conséquences de l'acquisition de ce savoir-faire sexuel précoce sont une focalisation sur l'image, une obsession précoce de la minceur, une fixation sur les relations amoureuses et une grande dépendance émotive avec manque de confiance en soi et en l'autre, perte d'estime de soi et fragilisation aux abus de toutes sortes[4]. Plaire devient synonyme d'être « sexy ». Plaire passe par une érotisation adulte des jeunes filles et par leur objectivation sexuelle. On constate aussi une entrée active dans la vie sexuelle de plus en plus jeune.

Cette sexualisation précoce est étroitement liée à un phénomène plus général, celui d'une société où le corps de la femme

1. Kriegel B., *La Violence à la télévision*, Paris, PUF, 2003.

2. Nacy D., « À 6 ans, ils ont des gestes sexuels d'adultes », *Forum*, 2003, 37 (16), 2003.

3. Braconnier A., Bretonnière-Fraysse A., Choquet M., Coinçon Y., Giscard d'Estaing A.-A., Huerre P., Revah-Lévy A., *La Sexualité à l'adolescence*, Toulouse, Érès, 2003.

4. Bouchard P. et N., *La Sexualisation précoce des filles et ses conséquences sur leur avenir*, Montréal, Sisyphe, 2003 (http://sisyphe.org/article.php3?id_article=917).

est chosifié et où la valeur des femmes est réduite à leur capacité à plaire et à séduire. Surexposition de l'intimité[1], valorisation de la performance sexuelle et éloge de la jeunesse : les enfants se comportent comme des adolescents, les adolescents comme des adultes et nombre d'adultes sont en crise d'adolescence... La perte des repères intergénérationnels et le brouillage des rôles sociaux sont à l'œuvre dans les sociétés occidentales et expliquent que les puissantes industries du sexe se tournent délibérément vers la pédophilisation[2].

Depuis le milieu des années 1990, nos sociétés se caractérisent par une surexposition publique de l'intimité. Ce phénomène résulte d'un double processus : la privatisation de l'espace public et la publicisation de l'espace privé. L'épanouissement dépend désormais de la visibilité personnelle. Dans les téléréalités, l'individu quelconque devient d'un seul coup une star. L'intrusion massive de la télévision dans le domaine de l'intimité, des rêves, des traumatismes, de la sexualité et des pulsions inverse les rôles puisque le téléspectateur voit des émissions dont il est à la fois sujet et acteur. La « porno-réalité » prétend offrir des actes sexuels authentiques aux consommateurs. Elle se veut vérité sur le sexe et de fait humilie encore plus les femmes. La téléréalité dans sa forme moderne correspond à une mise en scène de l'intimité des adolescents exportée largement sur les réseaux sociaux. Et ils l'acceptent, pour exister...

La liberté sexuelle est donc devenue une valeur marchande. La mondialisation néolibérale favorise la circulation des marchandises dans le domaine des mœurs et les révolutionne. Les effets sont considérables et mal connus tant sur le psychisme humain que sur les rapports entre hommes et femmes. Les enfants et les femmes transmutés en marchandises font un pas supplémentaire vers la soumission.

L'offre aux jeunes filles de nombreux magazines dédiés révèle les liens entre sexualisation et érotisation précoce. Plus jeune est imposée cette vision particulière de l'humain et de sa sexualité, plus elle risque de modéliser la sexualité et d'influencer le rapport à l'autre. Quand les enfants et les adolescents sont

---

1. Tisseron S., *L'Intimité surexposée*, Paris, Hachette Littérature, 2001.
2. Poulin R., *Sexualisation précoce et pornographie, op. cit.* Lire le chapitre « Industries du sexe et pédophilisation », p. 26-32.

exposés à des allusions sexuelles constantes, à des images de femmes sexualisées à outrance, le monde dans lequel ils évoluent risque d'être perçu par eux de manière déformée, vu seulement sous l'angle d'une sexualité elle-même caricaturée.

Des images plus crues, une violence croissante

Tout comme la technologie a modifié et étendu les moyens de diffusion de la pornographie, le contenu de celle-ci a également changé. *Playboy* était la norme il y a trente ans. Mais aujourd'hui, une pornographie beaucoup plus violente et dégradante domine le marché et c'est celle-là qui est consommée par les jeunes[1]. La jeune génération a aujourd'hui un accès sans précédent à des quantités inouïes d'images pornographiques qu'elle consomme de plus en plus jeune.

Les années 1990 ont été caractérisées par le fait que la pornographie est devenue plus crue, que le sexe y est désormais filmé avec une précision chirurgicale[2] et a intégré une violence qui substitue la brutalité au désir.

Pour le pédopsychiatre Stéphane Clerget[3], « le contact précoce et répété avec la sexualité des adultes *via* le porno est à l'origine de nouveaux comportements chez les jeunes, caractérisés notamment par l'absence de gradation ». Sexe buccal, baiser, relation vaginale et anale, tout se mêle. La sexualité ne se construit pas, elle est immédiate et consumériste. Après avoir tout expérimenté dès les premiers pas, que reste-t-il à découvrir ? La pornographie inspire et influence les pratiques sexuelles des jeunes. Elle est devenue le principal lieu d'information et sert de modèle, ce qui n'est pas sans conséquences

1. Poulin R., « Le marché mondial du sexe au temps de la vénalité triomphante », tiré d'un article intitulé « Prostitution, crime et marchandisation », *Tiers Monde*, 2004.

2. Marzano M., *Malaise dans la sexualité. Le piège de la pornographie*, Paris, J.-C. Lattès, 2006, p. 71.

3. Clerget S., *Ils n'ont d'yeux que pour elle. Les enfants de la télé*, Paris, Fayard, 2002.

sur l'estime de soi des jeunes femmes mais aussi sur les rapports sociaux entre les sexes. Les faits divers concernant de très jeunes enfants influencés par la vision de documents pornographiques se multiplient actuellement et les collèges et lycées où se pratiquent des fellations collectives dans les toilettes ne laissent pas d'inquiéter légitimement la direction et les enseignants qui ne savent pas bien, et on les comprend, comment réagir[1]. Ces événements ne peuvent pas être interprétés comme étant le reflet de l'éveil sexuel adolescent. Ils proviennent de l'utilisation de la pornographie comme modèle à imiter. Et si cette dernière s'impose comme livre de « recettes » simplistes pour des adolescents en mal de modèle identificatoire, n'est-ce pas parce que le marché ne laisse pas d'autre alternative ?

Dans une enquête menée en 2009 par Richard Poulin[2], un adolescent sur quatre déclare avoir demandé à sa partenaire de reproduire un acte vu dans un film ou des images pornographiques et cela augmente avec la consommation de pornographie. Trois sur quatre aimeraient convaincre leur partenaire de consommer également de la pornographie. Dès les premières expériences, les jeunes essaient d'imiter les actes vus, car la pornographie a été pour eux un lieu d'apprentissage des comportements féminins et masculins et les rapports de domination sont eux aussi reproduits bien entendu. Le caractère prescriptif de la pornographie peut rapidement devenir source d'anxiété, chez les garçons qui n'ont pas un sexe suffisamment grand, et chez les jeunes filles qui se demandent si elles doivent raser leurs poils, si leurs petites lèvres et leur clitoris sont conformes aux canons de la pornographie et si elles doivent accepter les positions sexuelles que leur demandent leurs compagnons consommateurs de pornographie. Les questions posées sur les sites Internet illustrent le rôle qu'occupent les références pornographiques au moment de l'éveil sexuel et les difficultés apportées aux jeunes sur le plan des comportements.

---

1. Levasseur G., *Ados : la fin de l'innocence. Enquête sur une sexualité à la dérive*, Paris, Max Milo, 2009.

2. Poulin R., *Sexualisation précoce et pornographie, op. cit.*

La pornographie déshumanise la sexualité

Présenter l'acte sexuel uniquement sous sa forme mécanique en faisant fi des relations entre les partenaires avant et après le rapport sexuel entraîne une déshumanisation de la sexualité. Les jeunes adolescents pensent d'ailleurs majoritairement que l'on peut avoir une relation sexuelle sans être amoureux (93,4 % pour les garçons et 84,3 % pour les filles). Le phénomène des « *fuck friends* » avec qui on partage le lit sans autre engagement affectif est révélateur d'un comportement de consommateur axé sur le plaisir individuel momentané et sans engagement. Le sexe récréatif devient un moyen de distraction comme un autre. La banalisation de la sexualité promue par la pornographie engendre des difficultés à nouer une relation amoureuse stable. Plus de 40 % des jeunes puisent dans la pornographie des idées pour leurs rapports sexuels[1], 30 % y trouvent des informations sur la sexualité et 25 % tirent de ces images un modèle de rapport sexuel. Les plus jeunes pensent que la pornographie leur permet de savoir ce que les femmes désirent et espèrent d'un rapport sexuel. Six garçons sur dix affirment que la pornographie inspire leur vie sexuelle, leurs désirs et leurs fantasmes. Il apparaît en outre que ce chiffre est plus élevé lorsque la consommation de pornographie a eu lieu avant 14 ans. Plus la consommation commence jeune, plus elle influence les consommateurs. Et les effets pourraient être permanents en provoquant une cristallisation des fantasmes où tout est construit pour favoriser l'obtention du plaisir masculin, réduit à un simple résultat. L'âge précoce du début de consommation pornographique influence la variété des pratiques sexuelles, la fréquence de la masturbation, et l'utilisation d'objets pendant les rapports sexuels[2], la pratique des tatouages et du piercing et la pratique de la sodomie.

L'incertitude vécue par les jeunes les fragilise et permet à la pornographie de jouer le rôle d'éducateur sexuel. Les risques de

1. *Ibid.*, p. 224.
2. *Ibid.*

cet apprentissage sont d'après Michela Marzano et Claude Rozier[1] : « Déstabilisation et falsification de la rencontre avec l'autre, effacement du mystère, de l'étonnement et de la surprise, incapacité de gérer ses réactions et celles des autres dès qu'elles sortent des schémas pornographiques enregistrés. »

Le discours normatif de la pornographie peut en outre avoir une incidence négative sur l'imaginaire sexuel et masquer le registre plus personnel des fantasmes sexuels[2]. Il perpétue également les stéréotypes sexuels et la pensée machiste où sont à l'œuvre des relations de pouvoir qui transforment l'individu en chose à maîtriser[3]. Difficile de ne pas relier à la grande disponibilité de la pornographie, l'augmentation des viols commis par des mineurs sur des mineurs[4] : 983 enfants condamnés pour agressions sexuelles en 2002, 1 392 condamnés en 2006 et 3 169 enfants reconnus coupables de viols et d'agressions sexuelles en 2008. Et pourtant, beaucoup d'enquêtes policières ne débouchent pas sur une condamnation, soit parce qu'il existe un pseudo-consentement de façade, soit parce qu'il s'agit de jeunes de moins de 13 ans où le classement sans suite est fréquent.

Un large consensus se dégage chez les experts sur les effets négatifs à long terme de l'hyper-sexualisation[5] sur les comportements et les attitudes des jeunes. La précocité des rapports sexuels, l'augmentation du nombre de partenaires, les attentes et les perceptions biaisées de l'expérience sexuelle, l'expérimentation d'une large gamme d'activités sexuelles, et les relations avec des partenaires beaucoup plus âgés en sont les conséquences. La vulnérabilité des jeunes filles est accrue car le développement de leur identité est uniquement axé sur l'importance du paraître. Dès qu'un individu se voit réduit à la disponibilité de son corps présenté comme consommable, il est inévitable que tout devienne possible[6].

1. Marzano M., Rozier C., *Alice au pays du porno*, *op. cit.*

2. Braconnier A., Marcelli D., *L'Adolescence aux mille visages*, Paris, Odile Jacob, 1998.

3. Marzano M., *La Pornographie ou l'épuisement du désir*, *op. cit.*

4. Chiffres du ministère de l'Intérieur cités par Géraldine Levasseur, *Ados : la fin de l'innocence*, *op. cit.*

5. Poulin R., « La tyrannie du nouvel ordre sexuel », 2003 (http://sisyphe.org/article.php3?id_article=801).

6. Marzano M., *La Pornographie ou l'épuisement du désir*, *op. cit.*

Certes, les parents portent une part de responsabilité d'autant plus qu'un jeune sur six commence de consommer avec du matériel pornographique appartenant aux parents. Mais la tâche de ces derniers est difficile. Comment contrôler constamment l'accès à la télévision et à Internet, tant à la maison qu'ailleurs ? Comment empêcher les jeunes filles de consommer les magazines qui promeuvent l'hyper-sexualisation ? Comment résister à l'achat de vêtements sans faire courir le risque de faire passer leurs filles pour ringardes ? Comment contrer l'« éducation sexuelle » de la pornographie quand les pouvoirs publics ont démissionné et qu'à l'école l'information sur la sexualité est quasiment absente ? Comment une mère ayant adopté, sur le vœu de son conjoint ou sur l'influence de la mode intériorisée, une apparence sexy peut-elle refuser la même chose à sa fille ? La marge de manœuvre des parents est donc fort limitée dans une société hyper-sexualisée et imprégnée par les codes pornographiques. « Les adolescents n'ont pas inventé cette culture de l'exhibitionnisme et de la conformité. Ils ne sont que des miniatures, reflets de notre culture[1]. »

Au total, cette sexualisation précoce des jeunes, semble être à la fois l'avenir des jeunes filles et l'étalon de leur réussite de séductrices mais également leur geôle. Elle implique la satisfaction des désirs d'autrui par la subordination aux désirs masculins. Mais c'est aussi une dégradation pour les hommes tenus de se cantonner, par-delà leurs désirs intimes et leurs sentiments, au canon performatif d'un prêt-à-porter sexuel, devenu une référence incontournable. Les intérêts du marché favorisent la permissivité ambiante. On précipite les adolescents dans la sexualité de plus en plus tôt, sans doute pour ouvrir de nouveaux segments sur un marché pornographique qui échappe d'ailleurs à toutes les règles sanitaires. Un vaste dispositif marchand a été mis en place qui profite de la mondialisation libérale et qui s'impose comme éducateur de nos enfants, profitant de la pudeur naturelle des adultes de notre pays et de leur silence sur cette thématique. Il ne s'agit pas d'une « libération », loin s'en faut, mais d'une nouvelle soumission des humains aux normes de la marchandisation et aux rapports de sexe inégalitaires.

---

1. Levy A., *Female Chauvinist Pigs. Women and the Rise of Raunch Culture*, New York, Free Press, 2006.

Il nous semble donc nécessaire, et ceci est repris dans nos propositions, de protéger autant que faire se peut notre jeunesse en taxant beaucoup plus lourdement la vente de pornographie sur le territoire national, mais surtout en empêchant le « surf » gratuit pratiqué par les jeunes sur Internet en imposant la production d'un numéro de carte bancaire avant l'affichage de la première image pornographique.

Partie II

ICI ET AILLEURS

Expériences, chiffres, constats

CHAPITRE 1

L'ÉTAT DES LIEUX EN FRANCE

L'adolescence pourrait être considérée comme une seconde naissance. Il s'agit d'une période de mutation, de transformation biologique, psychologique et sociale qui débute chez la jeune fille par le phénomène de la puberté, en général entre 11 et 13 ans[1]. C'est le moment où il y a irruption d'une sexualité dont il va falloir trouver le « mode d'emploi ». La puberté se manifeste par des changements du corps de plus en plus précoces. Même si l'adolescent demeure sous l'autorité de ses parents jusqu'à sa majorité, il a le droit, comme toute personne, à une vie privée et à une intimité (Code civil, art. 9). La sexualité relève de la sphère privée, donc du droit au respect et au secret professionnel. Pour nombre d'adolescentes, le simple fait d'imaginer l'obligation d'une notification de la prescription contraceptive aux parents peut constituer un obstacle majeur à toute contraception[2]. Il en va de même assez souvent pour ces « adolescents majeurs », souvent étudiants, toujours dépendants.

---

1. Hassoun D., « Première prescription d'une contraception », *Rev. Prat.*, 2008, 58, p. 41-47.

2. Alvin P., Neu-Janicki A. M., Jacquin P., Salinier C., « Les adolescents et la contraception. Que devrait savoir le pédiatre ? », *Arch. pédiatr.*, 2002, 9, p. 187-195.

La contraception et l'éducation sexuelle dans la loi

La loi Neuwirth, votée en décembre 1967, autorise la contraception orale. Elle abroge la loi de juillet 1920 qui interdisait toute contraception. Elle n'est appliquée qu'à partir de 1972. Il faudra attendre l'année 1974 pour que la contraception soit remboursée par la Sécurité sociale. La loi du 4 décembre 1974 permet la prescription gratuite dans les centres de planification familiale d'un moyen contraceptif à une mineure, sans autorisation parentale. Depuis la loi du 4 juillet 2001, cette prescription est également réalisable sans l'accord des parents dans tous les cabinets médicaux. Et si les mineures accèdent à la contraception d'urgence en 1999 à l'école et dans les pharmacies, de façon anonyme et gratuite, ce n'est toujours pas le cas pour la contraception prescrite par les médecins.

Les nouvelles dispositions législatives relatives à l'IVG et à la contraception ont définitivement établi le principe de la dérogation : le consentement des titulaires de l'autorité parentale ou, le cas échéant du représentant légal, n'est pas requis pour la prescription, la délivrance ou l'administration de contraceptifs aux personnes mineures.

Quant à l'éducation à la sexualité, elle a été rendue obligatoire depuis 1973[1], et n'a cessé d'être renforcée en 1996, en 1998, en 2001 et 2003. Malgré toutes ces velléités législatives, les applications dans le pays sont laissées à l'initiative des bonnes volontés, sans aucun encadrement, ni contrôle et, de fait, sans véritable efficience. Alors que la loi entend garantir un accès autonome des jeunes à la contraception, pour lequel le consentement parental n'est plus requis, ce droit leur est dénié dans les faits lorsqu'ils doivent faire appel à la couverture sociale de leurs parents. Par ailleurs le coût et l'absence de remboursement de certains produits contracep-

1. Loi Fontanet.

tifs par l'assurance-maladie limitent l'accès à un vrai choix contraceptif[1].

L'âge moyen du premier rapport sexuel

En 2006, l'âge moyen du premier rapport sexuel en France[2] était de 17,2 ans pour les hommes et de 17,6 ans pour les femmes. En Allemagne, l'âge moyen au premier rapport et de 17,7 ans et en Espagne de 15,9 ans.

Il est important de noter qu'il s'agit là d'une moyenne d'âge du premier rapport sexuel dont on note une amorce de baisse depuis les années 2000. Une fille sur deux aujourd'hui, grâce au rajeunissement de la puberté, peut être enceinte à 13 ans. Il existe une translation vers des âges plus jeunes du premier rapport : 21 % des garçons et 10 % des filles ont eu leur premier rapport sexuel à 15 ans ou moins. Par ailleurs avec le recul de l'âge à la première grossesse, l'écart moyen de temps entre le début de la sexualité et la stabilité d'un couple permettant un projet parental est de l'ordre de treize ans aujourd'hui alors qu'il était de l'ordre de cinq ans et demi[3] en 1975. Or c'est dans cette période de la vie que la fertilité des hommes comme celle des femmes est maximale. Il s'agit là d'une des causes inévitables de l'augmentation des grossesses non souhaitées dans cette classe d'âge.

1. Aubin C., Jourdain Menninger D., Chambaud L., « Évaluation des politiques de prévention des grossesses non désirées et de prise en charge des interruptions volontaires de grossesse suite à la loi du 4 juillet 2001 », *Rapport de l'IGAS*, octobre 2009.

2. *Enquête sur la sexualité en France. Pratiques, genre et santé*, Paris, La Découverte-INED-Inserm, 2006.

3. Pison G., « France 2009 : l'âge moyen à la maternité atteint 30 ans », *Population & Sociétés*, mars 2010, 465.

Les contraceptions utilisées par les jeunes

En France, la norme contraceptive en début de vie sexuelle est représentée principalement par le préservatif : 90 % des 15-24 ans déclarent l'avoir utilisé pour le premier rapport[1]. Puis très vite le préservatif est abandonné. La plupart des jeunes femmes se voient alors prescrire la pilule contraceptive : 78,9 % des 15-19 ans et 83,4 % des 20-24 ans utilisent une contraception orale[2]. La part cumulée des patchs, des implants et des anneaux est passée de 0,8 % pour les 15-19 ans en 2005 à 2,8 % en 2010[3]. Ces moyens sont donc toujours fort peu prescrits.

Il faut cependant garder à l'esprit que 50 % des adolescentes arrêtent leur contraception hormonale dans les trois premiers mois : 42 % sans consulter, 19 % sans utiliser d'autre méthode et 70 % optent pour une méthode alternative moins efficace[4].

Les chiffres de l'IVG

Le recours à l'avortement en cas de grossesse non souhaitée chez les jeunes a constamment augmenté[5]. En 1990, chez les mineures, il y avait eu 8 766 IVG. En 2009, les derniers chiffres de la DRESS disponibles à ce jour font déjà état de 11 930 IVG chez les 15-17 ans. S'y ajoutent, si on prend en compte plus globalement les jeunes, les 17 693 IVG des 18-19 ans. Et on ne peut passer sous silence la grande fréquence des IVG chez les femmes de 20-24 ans (52 360 pour 2009[6], soit

1. Baromètre Santé 2010. INPES.
2. *Ibid.*
3. Source : CNAM.
4. Longmore M. A., Manning W. D., Giordano P. C., Rudolf J. L., « Contraceptive self efficacy : Does it influence adolescent contraceptive use ? », *Journal of Health and Social Behaviour*, 2003, 44 (1), p. 45-60.
5. *Cf.* annexe 2, « Complément épidémiologique sur les IVG ».
6. Cette classe d'âge était à 461 34 IVG en 1990.

26,7 ‰ femmes contre 14,4 ‰ pour l'ensemble de la population, tous âges confondus). C'est donc chez les femmes de 15 à 24 ans qu'il existe un réel problème de prévention des grossesses non souhaitées[1].

Ces dix premières années de sexualité ne bénéficient donc qu'insuffisamment de la prévention pourtant largement disponible dans notre pays. Et cette classe d'âge très féconde n'a cessé de voir son taux d'IVG augmenter depuis vingt ans[2].

Une lueur d'espoir tout de même, puisque le chiffre d'IVG pour les mineures montre l'amorce d'une baisse depuis 2007, rompant avec une courbe constamment ascendante jusqu'ici[3]. Espérons que les chiffres de 2010 iront dans le même sens et qu'il ne s'agit pas d'une sous-déclaration due aux plus nombreuses IVG médicamenteuses prises en charge en ville. Un tiers des IVG se font chez des femmes qui ont une contraception médicalisée et cela est encore plus vrai chez les jeunes. Dans plus de la moitié des cas, il s'agit d'un oubli de contraception[4].

La contraception d'urgence pourrait pallier partiellement ces échecs (oubli de pilule ou mésusage des préservatifs)[5]. Mais elle n'est pas correctement utilisée. La France a innové dans ce domaine en 1999 en permettant la délivrance sans ordonnance du Norlévo et en autorisant sa distribution par les infirmières scolaires dans les collèges et les lycées (2000). Son utilisation est de plus en plus large surtout chez les mineures du fait de la confidentialité et de la gratuité qui entourent son accès pour les jeunes. Cette large utilisation n'a cependant pas été suffisante pour observer une véritable

1. Bajos N., Moreau C., Leridon H., Ferrand M., « Pourquoi le nombre d'avortements n'a-t-il pas baissé en France depuis trente ans ? », art. cit.

2. Nisand I., Toulemon L., « Pour une meilleure prévention de l'IVG chez les mineures », Haut Conseil de la population et de la famille, *Rapport décembre 2006*.

3. Vilain A., « Les interruptions volontaires de grossese en 2008 et 2009 », *Études et résultats*, juin 2011, 765, Direction de la recherche, des études, de l'évaluation et des statistiques (DRESS).

4. Nisand I., Bettahar-Lebugle K., « Info-Ado », *in*. Pons J.-C., Venditelli F., Lachcar P., *L'Interruption volontaire de grossesse et sa prévention*, Paris, Masson, 2004, p. 241-246.

5. Robin G., Massart P., Letombe B., « La contraception des adolescentes en France en 2007 », *Gynecol. obstet. fertil.*, 2007, 35, p. 951-967.

répercussion sur les taux d'IVG, mais elle pointe clairement l'appétence des jeunes pour un système confidentiel de délivrance des médicaments[1].

Les conséquences psychologiques de l'IVG

Les conséquences psychologiques de ces grossesses précoces à moyen et à long terme sont extrêmement difficiles à évaluer. L'accessibilité et la simplicité du geste d'IVG qui constituent un véritable progrès, ne garantissent pas l'absence de séquelles psychiques. Jusqu'à la métanalyse de Coleman[2] parue en octobre 2011 et citée plus haut, aucune publication n'avait pu correctement évaluer cet impact psychologique. Tous les praticiens qui travaillent auprès des femmes savent, pour l'entendre quotidiennement, que ces séquelles peuvent encore s'exprimer de nombreuses années après l'IVG ou refaire surface à l'occasion d'un accident de la vie reproductive. Améliorer les conditions psychiques dans lesquelles se passent les IVG est donc important surtout pour les jeunes femmes. Il s'agit ici de minimiser les séquelles possibles de gestes pourtant inéluctables quand la grossesse survient au mauvais moment.

La prévention de l'IVG est donc tout aussi importante que la qualité de l'accueil des femmes en demande d'IVG. Pas besoin de preuve académique pour se ranger derrière l'affirmation de bon sens que la meilleure des IVG est celle que l'on n'aura pas à faire. Intervenir dès le début de la vie sexuelle en informant correctement les jeunes permet un meilleur contrôle de la fécondité tout au long de la vie génitale de la femme. Ainsi, ce travail d'information à cet âge pourrait avoir un double impact : dans l'immédiat, diminuer les IVG chez les jeunes mais, sans doute aussi, ultérieurement chez les femmes d'âge mûr. Les jeunes

---

1. Vilain A., « Les interruptions volontaires de grossesse en 2007 », *Études et résultats*, décembre 2009, 713, Direction de la recherche, des études, de l'évaluation et des statistiques (DRESS).

2. Coleman P. K. et coll., « Abortion and mental health : Quantitative syntesis and analysis of research published 1995-2009 », art.cit.

filles d'aujourd'hui sont bel et bien les femmes adultes de demain.

De plus, il faut avoir à l'esprit que, plus l'âge de la jeune femme est bas, plus le risque de rapports non consentis est élevé. Inceste et viols sont largement sous-estimés, sans que l'on dispose de véritables chiffres sur ce sujet si difficile à explorer. Une grossesse chez une toute jeune femme doit alerter sur la possibilité qu'un rapport non consenti en soit l'origine. Et un des leviers utilisables contre ces abus se trouve bel et bien dans l'information prodiguée aux enfants sur l'interdiction aux adultes qui les entourent de toucher leur corps. Apprendre à dire non est un vrai devoir d'enseignement dans les écoles par les adultes.

Mais il est une constante : plus la norme parentale, sanitaire et éducative nie la sexualité des jeunes et les pousse à l'abstinence, plus leur réaction naturellement transgressive les amène à la prise de risques[1]. Cela s'illustre par le nombre important de grossesses chez les jeunes en Grande-Bretagne et aux États-Unis.

Les campagnes d'information

Après les campagnes nationales d'information sur la prévention des infections sexuellement transimissibles (IST) et du sida, s'est imposée depuis 2001 l'idée qu'il fallait utiliser le même type de diffusion médiatique pour la contraception. Il y a donc eu de nombreuses campagnes d'information (2001, 2002, 2007 : « La meilleure contraception, c'est celle que l'on choisit », 2008 : « Vous ne pouvez pas parler de contraception autour de vous ? Parlez-en avec nous », 2009 : « Faut-il que les hommes tombent enceintes, pour que la contraception nous concerne tous ? », 2010 : Lova et Lova).

Les impacts de ces campagnes sont trop modestes pour ne pas mettre en cause la légitimité de tels investissements. La question se pose de savoir si cette formule médiatique, conjuguant la

1. Blanchard V., Revenin R., Yvorel J.-J., *Les Jeunes et les sexualités. Initiations, interdits, identités (XIXe-XXIe siècles)*, Paris, Autrement, 2010.

réitération constante et l'accès plutôt ludique avec la simplicité nécessaire des messages, s'adapte correctement au public concerné. Le problème est plutôt pour les jeunes de savoir comment accéder à la contraception (où ? quand ? comment ? et autres modalités pratiques) que de savoir qu'elle existe. Sans accès confidentiel et gratuit à la contraception, on pourra faire toutes les campagnes d'information que l'on voudra, les jeunes ne l'utiliseront pas à la hauteur de nos espérances. Il est donc plus important de faciliter l'accès à la contraception que de faire de coûteuses campagnes d'information. En revanche, ces campagnes, si elles étaient davantage tournées vers la cible parentale, valoriseraient le travail réalisé auprès de leurs enfants dans les écoles et pourraient leur faire prendre conscience de la difficulté qu'ils peuvent éprouver, à cette période de la vie, d'entrer en contact avec eux sur ces sujets.

CHAPITRE 2

ÉDUCATION SEXUELLE ET CONTRACEPTION DES MINEURS

Les structures existantes

Des objectifs ambitieux ont été définis pour l'éducation à la sexualité en milieu scolaire au travers de la loi du 4 juillet 2001[1] (qui confortait une démarche définie par voie de la circulaire de novembre 1998 centrée sur les classes de quatrième et de troisième). Celle-ci prévoit qu'« une information et une éducation à la sexualité sont dispensées dans les écoles, les collèges et les lycées à raison d'au moins trois séances annuelles et par groupes d'âge homogènes ».

Les organismes de planification, de conseil et d'éducation familiale ont effectué un travail considérable mais sont perçus par l'IGAS, qui leur a consacré un excellent rapport[2], comme un « imbroglio de structures hétérogènes et désorganisées ». Les établissements d'information, de consultation et de conseil familial (EICCF) et les centres de planification ou d'éducation familiale (CPEF) trouvent une origine commune dans la loi Neuwirth de 1967 qui les a institués pour accompagner la diffusion des méthodes contraceptives.

1. Loi du 4 juillet 2001-588, article L. 312-16 du Code de l'éducation et circulaire n° 2003-027 du 17 février 2003.

2. IGAS, *Rapport n° RM 2011-088P*.

Aujourd'hui, les quelques 1 200 centres et 390 établissements répartis sur le territoire national continuent d'assurer une fonction irremplaçable d'information, de conseil et de prévention[1].

EICCF et CPEF visent une approche globale de la sexualité, à la charnière du social, de l'éducatif et du sanitaire. La palette des prestations[2] qui peuvent être proposées dans ces structures est très large : accueil, conseil et écoute individuels sur les questions liées à la sexualité et à l'orientation sexuelle, accompagnement des personnes victimes de violence, accompagnement et suivi de la première contraception, de l'IVG, sensibilisation à la prévention des risques. S'y ajoutent dans les CPEF : consultations et prescriptions contraceptives, pose de dispositifs contraceptifs, tests de grossesse et délivrance de la contraception d'urgence, suivi gynécologique et, selon les centres, offre de dépistage et de traitement des IST, réalisation de l'IVG médicamenteuse (cette possibilité ouverte en 2007 ne concerne encore qu'un nombre limité de centres).

Les CPEF sont les seules structures actuellement à même de proposer des modalités de prescription et de délivrance de la contraception assurant une totale confidentialité, à travers une dispense d'avance de frais et de ticket modérateur. Ces conditions prévues par la loi pour les seuls mineurs sont *de facto* souvent étendues aux plus de 18 ans qui désirent garder le secret par rapport à leur entourage familial. Il s'agit là d'une bonne mesure, mais certains conseils généraux, pressés par une légitime rigueur budgétaire, commencent à contrôler la date de naissance des bénéficiaires, en stricte application de la loi, au mépris des conséquences potentielles pour certaines jeunes femmes souvent encore étudiantes et toujours sans ressources suffisantes.

La plupart des centres et des établissements mobilisent une part significative de leurs ressources pour la réalisation d'inter-

1. Les EICCF sont gérés par huit principaux réseaux associatifs qui se rattachent à trois courants, les associations issues du militantisme féministe (Mouvement français pour le planning familial), les associations confessionnelles (CLERC Amour et Famille), et les associations issues du Mouvement familial et d'éducation populaire (EPE, UDAF, AFCCC).

2. *Ibid.*

ventions collectives d'information et d'éducation à la sexualité. Les CPEF reçoivent chaque année près d'un demi-million de personnes pour des consultations médicales ou des entretiens de conseil conjugal et/ou de planification. Leur mission n'est pas seulement réservée aux jeunes et, de fait, on estime que malheureusement, 5 à 10 % des jeunes de moins de 20 ans seulement fréquentent ces centres.

Les jeunes en général ne se représentent pas ces centres comme un lieu « ressource » pour eux. Les appellations de « conseil conjugal » et de « planification » les concernent très peu et renvoient à une problématique plutôt adulte, voire parentale. À un âge où la résonance symbolique des appellations est très forte, la question du nom d'un lieu pour eux, d'un lieu qui leur soit dédié, est centrale.

De plus, la demande potentielle en matière d'interventions collectives excède largement les capacités de réponse. Bien pire, la demande exprimée par les établissements scolaires, à laquelle les équipes s'efforcent de répondre dans la mesure de leurs moyens, ne reflète qu'une faible part des besoins.

Les interventions ne couvrent qu'une partie des classes de quatrième et troisième, loin des objectifs affichés par la loi, et la priorité de fait accordée aux interventions scolaires laisse peu de place aux publics non scolarisés, dont la demande est pourtant croissante (jeunes déscolarisés, personnes handicapées, public des structures sociales...).

L'accès aux prestations est conditionné par la proximité géographique, véritable difficulté pour les zones rurales ou périurbaines[1], où cet objectif doit par ailleurs être concilié avec celui de la discrétion. La prise en compte des possibilités de transport permet dans une certaine mesure de desserrer la contrainte de proximité. On observe cependant une très grande inégalité de l'offre rapportée à la population entre les départements. Les horaires d'ouverture des centres et établissements sont très

1. Cela a été bien étudié dans le mémoire présenté le 9 juin 2011 par le Dr Alexandra Rault, « Comment améliorer l'accès à la contraception pour les mineures en milieu rural ? », qui a étudié les structures du Morbihan et l'adresse des mineures en demande d'IVG par rapport à l'accessibilité des centres. Les femmes résidant en zone rurale sont bien plus que les autres exposées aux grossesses non prévues.

variables et souvent restreints, malgré des efforts évidents pour s'adapter aux besoins du public potentiel.

On constate par exemple autour de Vannes, que le nombre de mineures originaires de communes situées à plus de 20 kilomètres du centre représente 76,5 % des mineures ayant subi une IVG en 2010. Là encore le problème de l'accessibilité à la contraception en milieu rural est posé. On peut émettre l'hypothèse que le défaut d'accès anonyme et gratuit à la contraception dans les communes rurales éloignées du CPEF de Vannes augmente le recours à l'IVG. Mais, même en milieu urbain, cet accès est loin d'être aisé pour certaines adolescentes qui doivent jongler entre leurs horaires de cours, les horaires des transports en commun et les heures d'ouverture du CPEF.

Le manque d'information est largement corrélé au milieu social et culturel d'origine. Quand le milieu familial ouvert peut suppléer à la carence informative, les jeunes filles sont moins exposées à une grossesse non désirée. L'inégalité est accrue dans les familles où, en cas de grossesse, il n'est absolument pas possible d'en parler. Il reste toujours une forte réticence des parents et des enseignants qui se traduit par la crainte d'initier des comportements sexuels prématurés. C'est pourquoi certains établissements scolaires ne sollicitent pas les interventions sur la sexualité, ou les déguisent en outils de prévention du sida. L'incitation des chefs d'établissement scolaire par le ministère de l'Éducation nationale à appliquer la loi est donc indispensable.

Le coût de la contraception, un obstacle majeur pour les jeunes

Le deuxième obstacle à l'utilisation d'une contraception efficace est constitué par son coût. En France, seules un certain nombre de pilules contraceptives sont remboursées à 65 % ainsi que les examens complémentaires générés par la surveillance médicale de cette thérapeutique. Les consultations médicales de prescription et de pose de stérilet sont remboursées dans les mêmes conditions. Certaines contraceptions ne bénéficient d'aucune prise en charge comme d'ailleurs les préservatifs, ce qui ne laisse pas de plonger dans la perplexité tout un chacun, quand on connaît le coût social des IST. Sans compter la contradiction de cette attitude avec la manière générale de prôner le préservatif comme moyen de protection idéale à mettre en œuvre absolument.

Si les mineures et les femmes sans couverture sociale peuvent obtenir gratuitement leurs moyens contraceptifs dans les centres de planification familiale, il n'en va pas de même dans les autres structures d'accueil volontiers fréquentées par les jeunes, en particulier chez les médecins traitants, qui sont souvent le seul médecin qu'ils connaissent.

Les recommandations de l'IGAS : repenser le dispositif

L'implantation au cœur d'un centre hospitalier, ou dans un centre de protection maternelle et infantile peut dissuader les plus jeunes de pousser la porte d'une structure de planification familiale. La visibilité et la notoriété du dispositif demeurent faibles. L'hétérogénéité des structures, l'obscurité même qu'entretiennent les termes de « planification familiale », d'« éducation familiale » et de « conseil conjugal » sur leur activité et les professionnels qui y travaillent rendent le dispositif peu lisible aux yeux du public potentiel.

La confusion sémantique entre « centres de planification » et « planning familial » s'explique par la forte notoriété et le rôle historique joué par le Mouvement français pour le planning familial qui constitue un opérateur associatif commun des deux types de structures. Il reste que les trois quarts des centres de planification sont aujourd'hui des services départementaux ou des services hospitaliers. Un dispositif qui manque donc de cohérence d'ensemble, de l'aveu même du rapport IGAS sur la question : « Quel que soit le professionnalisme des structures rencontrées, l'efficacité globale du dispositif pour répondre à des besoins qui restent très importants est limitée par son manque de cohérence et par la faiblesse, voire l'absence de pilotage d'ensemble. »

Les CPEF relèvent depuis la décentralisation des compétences des conseils généraux, tandis que les EICCF relèvent de subventions de l'État. Chacun reconnaît volontiers qu'il est particulièrement malaisé de dégager une vision d'ensemble du dispositif. De surcroît, l'absence d'exploitation des données statistiques annuelles des CPEF vers les conseils généraux rend difficile la mobilisation des acteurs de terrain sur le recueil de ces données.

Leurs moyens humains et financiers ne sont pas identifiés dans les budgets départementaux. Les conseils généraux gèrent généralement la planification au sein de la PMI sans orientation stratégique affirmée. Le sujet est rarement abordé au niveau des élus pour lesquels il ne constitue pas un enjeu politique. Les financements de la planification selon l'IGAS[1] représentent 10 % des dépenses de PMI soit 50 millions d'euros. Quant aux EICCF, ils relèvent de crédits d'État qui s'élèvent au total à 3,46 millions d'euros émanant de trois ministères (Santé, Affaires sociales, Ville) et quatre programmes budgétaires.

Comme il n'y a pas de visibilité d'ensemble, ni dans les conseils généraux ni dans les inspections d'académie, comme il n'y a pas non plus d'articulation entre les activités des CPEF et EICCF, personne n'est capable de savoir quels établissements publics et encore moins privés respectent les obligations légales en matière d'information à la sexualité. « Au total, selon l'IGAS, l'ampleur et la qualité de la réponse aux besoins aujourd'hui paraissent souvent dépendre davantage d'un héritage historique et d'initiatives des professionnels de terrain que d'une impulsion stratégique des décideurs pour analyser les besoins, expliciter des objectifs, organiser des complémentarités entre acteurs, même si les bonnes pratiques ne manquent pas et gagneraient à être partagées et diffusées. »

Les recommandations de l'IGAS sont précises et intéressantes :

– Mettre en place un dispositif spécialisé de prévention en matière de santé sexuelle comportant la gratuité et la confidentialité.

– Supprimer la barrière d'âge de 18 ans pour les avances de frais : faire sauter ce verrou permet de prendre en compte la

1. *Rapport n° RM2006-163P*, novembre 2006.

demande de secret quel que soit l'âge, et de mettre la loi en conformité avec une pratique aujourd'hui développée car elle répond à des besoins évidents.

– Systématiser l'offre de dépistage des IST.

– Améliorer l'accessibilité des CPEF et EICCF en étendant leur couverture géographique et en développant des relais de proximité autour des CPEF : réseau de médecins volontaires, développement d'antennes des CPEF, prolongement des centres et établissements par la mise en place d'un volet Internet, en lien avec l'Institut national de prévention d'éducation pour la santé (INPES).

– Organiser la mobilisation des ressources pour mieux répondre aux besoins d'intervention collective, notamment en milieu scolaire. Les ARS paraissent les mieux placées pour impulser une dynamique et une coordination des acteurs, en déterminant, conjointement avec les services de l'Éducation nationale et les conseils généraux, les priorités d'intervention.

Nombre de ces propositions appellent des modifications législatives qui s'ajoutent à la nécessité générale de clarifier des textes présentant un certain nombre de confusions et d'incohérences. La mission IGAS suggère de « les regrouper dans un projet législatif visant, quarante-cinq ans après la loi Neuwirth, à repenser en vue de l'actualiser et de le conforter, l'ensemble du dispositif ».

Le rôle clé du pharmacien

Le rôle des pharmaciens peut s'avérer décisif dans l'immédiat mais aussi à plus long terme pour la prévention d'une grossesse non désirée. Il va bien au-delà de la simple délivrance de médicaments. Généralement seul interlocuteur d'une femme en situation de fragilité, suite à un échec ou un défaut de couverture contraceptive, le pharmacien est appelé à jouer un rôle particulièrement important d'information et de conseil dans une circonstance et sur un sujet délicats. Pour les mineures, cette responsabilité du pharmacien est précisée et organisée par la réglementation (décret du 9 janvier 2002). « La délivrance par le pharmacien est précédée par un entretien visant à s'assurer que la situation de la personne mineure correspond aux critères d'urgence et aux conditions d'utilisation de cette contraception. L'entretien permet également au pharmacien de fournir à la mineure une information sur l'accès à une contraception régulière, sur la prévention des infections sexuellement transmissibles et sur l'intérêt d'un suivi médical. »

Cependant, il apparaît que la délivrance aux mineures se fait rarement dans les conditions prescrites par la réglementation : les demandes de paiement sont relativement fréquentes et certains professionnels exigent même une pièce d'identité. Mais c'est au niveau de l'accompagnement et de la démarche d'éducation sanitaire que les carences les plus importantes sont constatées. Confrontés à des jeunes femmes pressées et qui cherchent à se dérober, manquant eux-mêmes souvent de la disponibilité nécessaire en raison de l'afflux de clientèle, ayant du mal à ménager les conditions d'intimité nécessaires à l'entretien, nombre de pharmaciens reconnaissent éprouver des difficultés à s'acquitter des responsabilités qui leur ont été confiées en la matière. Celles-ci comportent notamment la remise obligatoire d'une brochure d'information, pour toute délivrance de la contraception d'urgence à une mineure. L'écart très important que l'on constate entre le nombre de brochures diffusées et celui des boîtes délivrées donne une idée du décalage entre la distribution du produit et son accompagnement.

Diffusion de la brochure d'information relative à la contraception d'urgence[1]

Année	Brochures diffusées	Boîtes délivrées
2005	57 000	195 901
2006	28 000	254 414
2006/2005	– 51 %	+ 30 %

1. Source : CESPHARM, diffusion métropole entre le 1er septembre de l'année précédente et le 31 août de l'année concernée de la brochure « Une contraception d'urgence, la pilule du lendemain ». CNAMTS, nombre de boîtes de contraception d'urgence remboursées aux officines dans le cadre du dispositif de délivrance gratuite aux mineures.

Le service de gynécologie obstétrique de Nice[1] a voulu évaluer l'application de cette obligation dans les pharmacies de la ville. Cinquante-trois officines ont été tirées au sort et quatre « mineures tests » ont demandé une contraception d'urgence entre juillet et août 2006. Lorsqu'elles étaient interrogées, les « mineures tests » impliquées dans l'enquête ont énoncé la même histoire clinique : rupture de préservatif lors d'un rapport sexuel la veille, sans autre moyen contraceptif, avec une date des dernières règles remontant à quinze jours. Les résultats montrent que, dans la majorité des cas, les mineures n'ont bénéficié d'aucune intimité (86,8 %). Plus d'une officine sur trois (37,7 %) a refusé de délivrer la contraception d'urgence ; les motifs de refus étaient liés à une exigence de paiement (plus de 80 %), à un problème de rupture de stock allégué, ou à un refus de principe. Pour les officines qui ont accepté de délivrer la contraception d'urgence, une fois sur trois une pièce d'identité a été demandée. Près d'une fois sur deux, un paiement a été réclamé dans un premier temps avant que la mineure ne rappelle ses droits. Moins de la moitié des officines ont accompagné la délivrance du médicament d'informations sur son utilisation et ses effets indésirables. Malgré ce que prévoit la réglementation, aucune mineure n'a eu d'information sur une contraception régulière, la prévention des IST, ni sur le CPEF le plus proche. De cette enquête certes limitée il ressort que de nombreux pharmaciens n'ont pas encore pris la mesure de leurs obligations légales et n'ont pas joué leur rôle d'éducation sanitaire et d'accès à des soins urgents. Il apparaît donc très important de sensibiliser les pharmaciens à leur rôle de prévention et d'information dont ils sont l'un des acteurs clés.

Pour garantir un meilleur accès à la contraception en milieu rural, il faut que chaque professionnel de santé soit sensibilisé et mobilisé pour participer et optimiser le dispositif par l'intermédiaire d'un réseau. Les pharmaciens, comme on vient de le voir, ont un rôle déterminant en matière de contraception ; ils délivrent la contraception d'urgence et depuis la loi HPST ils peuvent renouveler la contraception. Ils doivent donc être intégrés dans les réseaux locaux d'orthogénie. Tout renouvellement

---

1. « Contraception postcoïtale : trop de pharmaciens en défaut », *Prescrire*, 2008, 28 (300), p. 775.

peut être l'occasion pour le pharmacien de vérifier et/ou rappeler quelques éléments : l'observance, la conduite à tenir en cas d'oubli, les interactions médicamenteuses, le fait que vomissements et diarrhées prolongés peuvent diminuer l'efficacité de la « pilule », l'apparition depuis la dernière consultation médicale de contre-indications.

Une initiative intéressante a été lancée par le réseau des pharmaciens indépendants de La Réunion (RESPIRE) en septembre 2010. RESPIRE a organisé une animation autour de la contraception en officine, avec un double objectif : former les équipes afin d'améliorer la prise en charge des patientes dans ce domaine, mais aussi sensibiliser le public aux différentes méthodes contraceptives[1]. La pharmacie est un lieu facile d'accès, il faudrait développer ce type d'initiative et distribuer un kit d'animation aux pharmacies (comme cela a été effectué par le réseau RESPIRE), comprenant de la documentation et les modèles des factices des différents moyens de contraception.

Quelques sites d'information sur la contraception

Il existe de nombreux sites d'information français sur les modalités contraceptives dont la qualité le dispute à la diversité. Pour ne citer que cinq d'entre eux plutôt bien pensés, celui de l'Association française pour la contraception[2] (AFC), celui de l'Institut national pour la prévention et l'éducation à la santé[3] (INPES), celui du Mouvement français pour le planning familial[4] (MFPF), celui de Fil santé jeunes[5], et celui d'Info-Ado[6] qui offrent de l'information et des adresses utiles, souvent de manière fort ludique et compréhensible et des numéros de télé-

1. Moulun A.-G., « RESPIRE, en pointe dans la prise en charge de la contraception », *Impact pharmacien*, 2011, 286, p. 14-15.
2. http://www.contraceptions.org
3. http://www.choisirsacontraception.fr
4. http://www.planning-familial.org
5. http://www.filsantejeunes.com
6. http://info-ado.u-strasbg.fr

phone en cas d'urgence. Certains de ces sites ont l'avantage de répondre de manière dédiée aux questions que se posent les jeunes dans des délais assez courts pour dénouer une situation d'urgence. Mais ces sites, dont les adresses méritent d'être diffusées largement, ne remplaceront jamais un contact humain. Ils ont un réel intérêt en complémentarité des structures où les jeunes peuvent rencontrer une parole d'adulte et des conseils dédiés.

CHAPITRE 3

DES EXPÉRIENCES INNOVANTES

Des organisations différentes et de nombreuses bonnes idées caractérisent les tentatives régionales qui, en l'absence d'un projet national, ont essayé de limiter les IVG des mineures. Ces projets ont le mérite d'exister et nous donnent l'opportunité de cumuler les avantages des uns et des autres et d'éviter les écueils recensés dans certaines de ces expériences. Ce que montre cette diversité des tentatives, c'est la nécessité impérieuse d'un projet national de santé publique offert à tous les adolescents de France et pas uniquement à ceux qui ont la chance d'habiter dans une région plus avancée que d'autres.

Le pass'contraception en Poitou-Charentes

Mis en place en 2009, le pass'contraception permet d'assurer sans avance de frais la gratuité des actes médicaux réalisés et des produits contraceptifs prescrits. Il offre la possibilité d'avoir un accès gratuit à une consultation médicale ainsi qu'un bilan sanguin et une délivrance de contraceptif oral pour six mois. Il n'est pas remis de façon automatique : il s'agit d'une démarche volontaire pour les jeunes filles mineures qui pour des raisons financières, familiales ou sociales présentent des difficultés d'accès à la contraception et ce quel que soit leur statut (collégiennes, lycéennes, apprenties, jeunes filles sorties du système scolaire). La remise du pass est assurée par des professionnels de santé (gynécologues, médecins généralistes, pédiatres) en respectant l'anonymat des bénéficiaires.

Le pass'contraception se présente comme un carnet de coupons détachables et contient cinq tickets :

– Coupon « consultation médicale » utilisable chez un médecin généraliste, un gynécologue ou un pédiatre de la région, conventionné secteur 1 d'une valeur maximale de 28 euros.

– Coupon « prise de sang » d'une valeur maximale de 6 euros permettant la réalisation d'une prise de sang par un infirmier libéral ou d'un laboratoire de la région.

– Coupon « analyses médicales » d'une valeur maximale de 20 euros permettant la prise en charge des analyses médicales (glycémie et bilan lipidique) effectuées par un laboratoire de la région.

– Deux coupons « dispensation de contraceptifs » utilisables dans les pharmacies d'officine de la région d'une valeur maximale de 45 euros chacun et permettant une dispensation de contraceptif oral pour une durée totale de six mois (trois mois renouvelables une fois).

La jeune fille se rend chez le médecin de son choix conventionné secteur 1. En fonction de sa situation, le médecin lui prescrit un contraceptif oral et si besoin des analyses médicales. Une ordonnance nominative est remise par le médecin dans les deux cas. Les prélèvements effectués par l'infirmière ou le laboratoire sont accompagnés de l'ordonnance nominative et du coupon afférent. Les résultats des analyses sont transmis uniquement au médecin consulté pour garantir la confidentialité vis-à-vis de la famille de la jeune fille. Cette dernière se rend ensuite dans n'importe quelle officine de la région munie du pass'contraception et de l'ordonnance nominative. La pharmacie lui délivre une contraception orale pour une durée de trois mois renouvelable une fois avec la même ordonnance.

Si la jeune fille souhaite continuer à bénéficier du dispositif, elle se rend chez le médecin qui pourra à nouveau lui délivrer le pass'contraception dans les mêmes conditions, c'est-à-dire pour une durée de six mois supplémentaires. La démarche anonyme et volontaire de la jeune fille se situe hors du parcours de soins institué par la Sécurité sociale : ni la carte Vitale ni une affiliation mutuelle ne doivent lui être demandées. L'accès au pass'contraception se fait uniquement sur une base déclarative.

Lorsque le médecin délivre un pass'contraception, il doit conserver le coupon consultation médicale puis l'expédier à la région avec ses coordonnées pour se faire rétribuer. Les médicaments d'accompagnement ne sont pas pris en charge. Le dispositif ne prend en charge que les cas simples : en cas d'antécédents personnels et/ou familiaux, les coûts inhérents à d'autres examens, surveillance ou prescriptions médicales particulières ne sont pas pris en compte.

La région Poitou-Charentes a déposé à l'Institut national de la propriété industrielle la marque française collective Pass'contraception. Un règlement a été établi par la région Poitou-Charentes pour préciser les conditions d'attribution et d'utilisation de la marque Pass'contraception. La demande d'utilisation du pass'contraception doit être adressée par écrit à la région Poitou-Charentes. Le bénéficiaire s'engage à respecter le règlement d'usage ainsi que le cahier des charges d'utilisation de la marque.

Le ministre de l'Éducation nationale, M. Luc Chatel, a autorisé la distribution du pass'contraception en Île-de-France par le rectorat en avril 2011. Par la suite, il a également autorisé la région Poitou-Charentes à distribuer les pass par l'intermédiaire du milieu scolaire. Cette nouvelle distribution est effective depuis septembre 2011. Le pass'contraception en Poitou-Charentes est donc diffusé selon deux modalités : les praticiens installés en libéral et les infirmières scolaires.

Le principal avantage est de pouvoir garantir un accès anonyme et gratuit à la contraception orale aux mineures pour une période de six mois. Pour la biologie, une infirmière ou le laboratoire peuvent réaliser les prélèvements, ce qui permet de faciliter cette démarche aux adolescentes si le laboratoire est trop éloigné ou inversement si une infirmière n'est pas facilement accessible. Tous les médecins généralistes, pédiatres et gynécologues peuvent participer au dispositif.

Mais une seule consultation est prévue pour six mois de prescription. Ce dispositif ne permet pas de revoir la jeune fille dans l'intervalle alors que, souvent, pour conforter l'observance et donc l'efficacité de la contraception hormonale, une deuxième consultation s'impose tout naturellement dans les trois mois qui suivent son instauration. Quant aux ordonnances nominatives (même s'il n'est demandé aucune pièce d'identité ou carte Vitale), elles peuvent gêner les adolescentes. Plus gênant encore, la seule contraception envisagée ici est la contraception orale, sans alternative possible. Or, en cas de mauvaise observance, ou si la jeune fille s'est orientée vers un autre choix, l'implant contraceptif, le patch ou l'anneau ne peuvent être proposés dans ce dispositif.

Le principal reproche que l'on puisse faire à la plupart des dispositifs est de ne pas prendre en compte deux aspects fondamentaux et indispensables pour qui veut s'adresser aux jeunes en matière de sexualité :

– Sans information à la sexualité dans les écoles, un dispositif de ce genre est voué à l'échec ou à tout le moins à une efficience marginale. Un projet de santé publique dans ce domaine ne peut faire l'économie de l'éducation qui est la première étape indispensable et incontournable. L'orientation des jeunes ne doit se faire que vers des professionnels aguerris.

– La formation du réseau d'aval des professionnels de santé qui vont accueillir les jeunes s'impose donc. Les consultations longues, sans examen clinique où il faut apprivoiser une jeune femme avec discrétion et sans jugement ne sont en effet pas enseignées, en dehors de formations spécifiques. Des professionnels non préparés peuvent être plus délétères pour les jeunes femmes que l'absence complète de prise en charge.

Avantages :
- Anonymat et gratuité de la contraception orale pour toutes les mineures pour une période de six mois.
- Tous les médecins peuvent participer au dispositif.

Inconvénients :
- Une seule consultation prévue pour une période de six mois.
- Les ordonnances sont nominatives.
- Pas de dispositif d'information à l'école.
- Pas de préparation des médecins à l'accueil des jeunes.
- Seule la contraception orale est prévue.

Le pass'contraception de la région Île-de-France

Voté par les élus régionaux en juin 2010, il a été mis en place le 26 avril 2011[1]. Le pass'contraception donne accès à une première contraception gratuite et anonyme ; il est proposé dans les lycées d'enseignement général (public et privé) et technologique, professionnels, centres de formation d'apprentis (CFA) et en instituts de formation sanitaire ou sociale (IFSS) d'Île-de-France, aux élèves inscrits en priorité en classe de seconde ou classe d'âge ou niveau équivalent. Cela représente environ 77 000 filles et 82 000 garçons.

Le pass est un chéquier composé de six coupons ; un seul chéquier est délivré par année scolaire et par élève, par l'infirmière du lycée ou par le référent santé dans les CFA ou IFSS.

– 1er coupon : attestation de remise du pass. Les infirmières ou référents santé retournent ce coupon aux services de la région après délivrance du chéquier aux bénéficiaires en indiquant le nom et le type d'établissement, la ville, le département, la date de délivrance, la date d'expiration, le sexe du bénéficiaire ainsi que sa date de naissance. Ces coupons sont retournés une fois par mois aux services de la région. La région s'est engagée à adresser aux rectorats de chaque académie une copie des coupons d'attestation de remise de pass chaque trimestre.

– 2e coupon : première consultation médicale avec un médecin généraliste, un gynécologue, une sage-femme ou un CPEF.

– 3e coupon : réservé au bilan sanguin en laboratoire.

– 4e coupon : pour la délivrance de contraceptifs par les pharmacies ou CPEF.

– 5e coupon : deuxième consultation médicale.

– 6e coupon : renouvellement du contraceptif.

Le coupon fait office de facture dès son envoi par le professionnel de santé aux services de la région qui effectue le paiement des actes médicaux réalisés sur la base des tarifs du secteur 1.

1. http://www.iledefrance.fr/les-dossiers/social-solidarite/le-pass-contraception-lancement-le-26-avril/

Tous les professionnels de santé concernés par ce dispositif ont reçu un courrier d'information, un exemplaire du protocole et une affiche à installer sur le lieu d'activité professionnelle.

Dès le 26 avril 2011, un lot de chéquiers, une affiche, un exemplaire de protocole présentant le dispositif et un tampon encreur dateur ont été envoyés à chaque infirmier/référent santé. Cet envoi est renouvelé à la demande et de façon systématique à chaque rentrée. Le chéquier est valable 365 jours à compter de la date de remise qui est indiquée par l'infirmier/référent santé à l'aide du tampon encreur et n'est attribué qu'une fois par année scolaire. L'infirmier/référent santé doit orienter les jeunes prioritairement quand cela est possible vers les CPEF les plus proches de leur domicile ou de l'établissement scolaire ou les orienter vers les différents professionnels de santé.

Lors de la prise de rendez-vous, l'adolescent indique au professionnel de santé qu'il dispose d'un chéquier pass'contraception pour s'assurer que le praticien l'accepte. Le professionnel s'engage à accepter le coupon comme moyen de paiement. Il constitue un dossier médical sans contrôle de la carte Vitale et n'enregistre que les coordonnées personnelles du jeune (numéro de portable et/ou adresse mail). Il est libre de ses prescriptions (type de contraceptif, prise de sang), et pour chacune d'elles il effectue une ordonnance au nom du bénéficiaire. Le dispositif ne concerne pas le dépistage des IST, les analyses sanguines étant limitées au bilan lipidique et glucidique.

Au cours de la deuxième consultation, le praticien s'assure que le contraceptif prescrit correspond bien à la patiente. À la fin de cette consultation, il rappelle à la jeune fille que le renouvellement de ces prescriptions s'effectuera dans un circuit classique hors pass'contraception et que les consultations médicales ainsi que les contraceptifs seront à sa charge. Le praticien renseigne le verso de chaque coupon qui fait office de facture en indiquant son nom, sa profession, son numéro d'identification professionnelle, le code postal du cabinet, la date de consultation, le montant de la consultation, si oui ou non il y a eu prescription de contraceptif et/ou d'une prise de sang. La patiente retourne le coupon au laboratoire, celui-ci ouvre un dossier au nom de la patiente, les résultats sont transmis au seul prescripteur. Le remboursement des examens s'effectue sur la base de 7 euros pour la prise de sang et de 20 euros pour les examens biologiques.

La délivrance du contraceptif se fait sur présentation du coupon et de l'ordonnance. Aucune pièce d'identité, ni carte Vitale n'est demandée. Le coupon fait office de paiement ; le pharmacien indique les coordonnées de la pharmacie, la date de délivrance, le code postal, le numéro d'identification professionnelle, le type de contraceptif et le montant. Le remboursement du contraceptif est plafonné à 40 euros pour les contraceptifs d'une durée de trois mois renouvelable (pilule, patch, anneau, préservatifs, injection, spermicide) et à 140 euros pour les contraceptifs d'une durée de plus de six mois (implant, stérilet).

Un site Internet dédié au pass'contraception renseigne les adolescents, leur indique le fonctionnement, stipule que les soins sont anonymes et gratuits, qu'il n'y a besoin ni de pièce d'identité ni de carte Vitale. Il existe par ailleurs une foire aux questions, ainsi qu'un numéro vert qui permettent aux mineures d'avoir toutes les réponses à leurs questions.

Contrairement au pass'contraception mis en place en Poitou-Charentes, il n'y a pas de limitation de prescription à la contraception orale et n'importe quel moyen de contraception peut être prescrit (patch, anneau, implant, stérilet). Par contre, le chéquier n'est délivré qu'une seule fois avec une validité de 365 jours et une prescription pour six mois non renouvelable.

Les jeunes garçons mineurs peuvent également bénéficier de ce dispositif, et consulter pour des informations sur la contraception, la sexualité, les IST… Ils ont la possibilité d'obtenir en pharmacie grâce au chéquier des préservatifs avec un montant plafond fixé à 40 euros par coupon, renouvelable une fois (soit un montant plafond de 80 euros pour six mois). Les chéquiers sont distribués uniquement en milieu scolaire et ne sont pas disponibles au cabinet des praticiens. En Poitou-Charentes, le dispositif concernait les médecins généralistes, les gynécologues et les pédiatres. En Île-de-France, le dispositif n'inclut pas les pédiatres mais les sages-femmes.

Les jeunes filles comme les garçons sont concernés par le dispositif. Les garçons peuvent consulter de manière anonyme et gratuite. La prescription de contraceptifs ne se limite pas pour les jeunes filles à la pilule ; elles peuvent également avoir accès si elles le souhaitent à l'implant, à l'anneau, au patch, ou au stérilet. La diffusion du chéquier a impliqué d'emblée les infirmiers scolaires/référents santé qui sont facilement disponibles pour répondre aux questions et orienter au mieux chaque adolescent.

Mais le pass ne peut être délivré qu'une seule fois par adolescent, et il existe une date limite d'utilisation du chéquier. Le but de ce dispositif est de responsabiliser et non pas d'assister. Une fois le pass utilisé, les adolescents doivent passer par la carte Vitale de leurs parents pour obtenir un renouvellement de leur contraception. Dans les familles où le sujet est tabou, le problème d'accès à la contraception persiste donc malheureusement.

Il n'y a pas de diffusion directe du pass aux médecins généralistes, aux pédiatres, aux gynécologues, alors qu'il aurait été intéressant de pouvoir leur en fournir quelques exemplaires qu'ils auraient eus à leur cabinet. La diffusion ne concerne pas les collèges, alors que c'est là que les besoins de ce type de dispositif sont les plus importants. Par ailleurs les bénéficiaires du pass n'ont pas la possibilité d'avoir un dépistage des IST. Enfin, les ordonnances, comme pour le pass'contraception de Poitou-Charentes, sont nominatives, ce qui peut représenter un frein pour certaines adolescentes.

Ce dispositif, comme le précédent, fait l'économie de l'information à l'école mais aussi de la formation des professionnels qui vont recevoir les jeunes et s'expose donc, comme son aîné, au risque d'une efficience faible et à des effets adverses liés aux

Avantages :
- Anonymat et gratuité de la prise en charge pour les garçons et les filles à hauteur de 40 euros quel que soit le mode de contraception pour une période de six mois.
- Une deuxième consultation est prévue à trois mois.

Inconvénients :
- Les ordonnances sont nominatives.
- Le pass qui a une date de péremption n'est délivré qu'une seule fois par adolescent.
- Pas de dispositif d'information à l'école.
- Pas de préparation des médecins à l'accueil des jeunes.
- Pas de diffusion directe aux médecins et pas de diffusion dans les collèges.

consultations imparfaites de professionnels n'ayant pas eu de formation spécifique à l'accueil des adolescents.

Le dispositif mis en place dans le Haut-Rhin

Le département du Haut-Rhin dispose de neuf centres de planification, de trois centres de planification de PMI, de six centres de planification confiés par convention aux centres hospitaliers où existe un service de maternité ou un centre périnatal de proximité. Les professionnels des centres interviennent aussi à l'extérieur des centres (vingt-deux intervenants : médecins, sages-femmes, psychologues, infirmières, assistantes sociales, conseillères) par des séances d'information collective intitulées « questions d'amour » auprès des collèges, lycées et autres publics si besoin.

En raison de difficultés d'accès aux centres pour certaines adolescentes, notamment en zone rurale et dans certaines communes, les CPEF de Colmar et Mulhouse ont choisi d'organiser un système de médecins réseau spécialement formés à cet effet. Ces médecins du réseau qui sont surtout des généralistes assurent cette activité à leur cabinet en réseau avec les deux centres de planification de PMI de Colmar et Mulhouse. Cette décision a été adoptée par le conseil général lors des orientations budgétaires de l'année 2000 pour trois communes d'abord. Elle a été renouvelée et étendue progressivement chaque année en fonction des besoins recensés par les infirmières scolaires. Ce réseau touche à présent vingt-trois communes avec vingt-cinq médecins dont vingt-trois médecins généralistes, un gynécologue et un pédiatre. Ce dispositif est en constante évolution (extension aux zones périurbaines).

Les médecins reçoivent les jeunes filles mineures à leur cabinet et assurent une activité d'information/prescription de contraception, d'information sur les IST, les IVG et les grossesses. Ils travaillent en réseau avec deux centres de planification. Ils bénéficient ainsi de tests urinaires de grossesse et peuvent délivrer eux-mêmes la contraception au cabinet. Les produits contraceptifs et tests de grossesse sont commandés par le service de PMI et livrés au médecin. Si l'état de la jeune fille nécessite des examens de laboratoire, des sérologies IST ou un bilan lipido-glucidique, le médecin le stipule sur l'ordonnance, par un tampon « confidentiel, résultats à adresser au cabinet, facture à adresser au conseil général. » La rémunération des médecins est réalisée à l'acte et anonymement, par l'envoi d'un état récapitulatif au conseil général. Il leur est demandé de relever l'âge de la patiente ainsi que le motif de consultation afin d'établir des statistiques. Ils font également une feuille de soins papier avec les initiales de la patiente qu'ils transmettent au conseil général. Le nom du médecin figure dans le règlement intérieur du centre auquel chacun accepte d'adhérer. Un arrêté de nomination en qualité de vacataire est réalisé pour chacun d'entre eux.

Des réunions de concertation ont lieu plusieurs fois dans l'année entre la PMI et les infirmières scolaires. Ce partenariat avec les infirmières scolaires permet de cibler les zones où l'accès à la contraception est difficile et ainsi de contacter les médecins pour leur proposer d'intégrer le réseau.

L'activité des médecins dans les communes où sont implantés des collèges est supérieure à celle des autres. L'activité varie de cinq à trente jeunes par médecin et par an selon les communes. Un seul médecin a souhaité participer aux actions collectives en collège. Il est indemnisé sous forme de vacations. Les autres médecins n'ont pas d'obligation de participation.

Les informations sur le dispositif sont accessibles sur le site Internet du conseil général, à la rubrique « Questions d'amour ». Il y est d'ailleurs précisé que des médecins travaillent en réseau avec les CPEF du Haut-Rhin et qu'ils peuvent également recevoir les jeunes sur rendez-vous à leur cabinet. Leurs coordonnées sont disponibles auprès des CPEF ou des infirmières scolaires.

Les contraceptifs sont disponibles directement au cabinet du médecin, et la délivrance s'effectue donc au cabinet sans passage en pharmacie, ce qui permet de rassurer la patiente sans qu'elle ait à se justifier devant d'autres interlocuteurs. Le choix du contraceptif n'est pas restreint à la contraception orale. Les médecins ont également la possibilité de réaliser au cabinet un test urinaire de grossesse et de délivrer si besoin la contraception d'urgence, ce qui permet une prise en charge plus confortable, similaire au CPEF. Les ordonnances pour la biologie ne sont pas nominatives, chaque professionnel indique « confidentiel, résultats à adresser au cabinet, facture à adresser au conseil général ». Malheureusement, le dispositif n'est pas généralisé à tous les médecins et les mineures doivent donc se renseigner pour savoir quels médecins ont intégré ce réseau de soins.

Avantages :
– Anonymat et gratuité de la contraception pour toutes les mineures sans limitation dans le temps et dans le nombre de consultations.
– Les médecins du réseau sont invités à participer au dispositif d'information à l'école.
– Tous les médecins peuvent participer au dispositif et les contraceptifs sont disponibles directement au cabinet du médecin sans passer par la pharmacie.

Inconvénients :
– Les mineurs doivent se renseigner sur les médecins qui ont intégré le réseau.

Info-Ado à Strasbourg et dans la vallée de Bruche[1]

La structure Info-Ado a été créée pour apporter aux jeunes toutes les informations qui peuvent leur être utiles dans le domaine de la sexualité, de la contraception et du risque de

1. Info-Ado a été créé en 1992 à Poissy puis en en 1998 à Strasbourg par le Pr Israël Nisand. Ce dispositif comporte, en zone urbaine, trois parties : une information organisée dans les écoles, un accueil anonyme et gratuit des jeunes dans les structures hospitalières publiques et un site Internet pour répondre aux questions des adolescents. Sa partie rurale de la vallée de la Bruche a été créée en 2002 avec le Dr Jacques Machu, qui coordonne cette activité, et des médecins généralistes, sages-femmes, infirmières et pharmaciens autour de la CPAM de Sélestat. Le réseau de professionnels reçoit les jeunes en lieu et place des structures hospitalières, ce qui constitue son originalité. La rétribution des professionnels a été pensée de telle sorte que la confidentialité soit respectée tout au long de la prise en charge.

maladies sexuellement transmissibles. L'accueil dédié aux jeunes, confidentiel et gratuit, avec fourniture de contraceptifs et de préservatifs et possibilité de faire des tests sérologiques, connaît depuis ces douze dernières années un succès grandissant auprès des adolescents. Cette action préventive a montré son efficacité par la constatation d'une baisse significative du nombre d'IVG chez les adolescentes dans la région de Strasbourg visible sur les résultats du SROS.

Info-Ado est une unité fonctionnelle du pôle de gynécologie obstétrique des hôpitaux universitaires de Strasbourg depuis 1999. Elle est dirigée par le Dr Karima Bettahar-Lebugle, responsable de l'unité fonctionnelle d'orthogénie, qui prend par ailleurs en charge tout ce qui est contraception et IVG dans le pôle. Info-Ado évolue et s'étend dans le Bas-Rhin. Les acteurs d'Info-Ado sont initialement des médecins gynécologues et des sages-femmes hospitaliers. Des médecins pédiatres, généralistes et psychiatres, des internes en gynécologie, des psychologues et conseillères familiales se sont joints à l'équipe.

Info-Ado donne simultanément plusieurs possibilités aux jeunes :

– Prise de contact et informations, débats sur la sexualité lors des interventions dans les institutions scolaires.

– Accueil confidentiel dans les hôpitaux gratuitement, sans examen gynécologique (sauf s'il est demandé par l'adolescente), avec une grande disponibilité des interlocuteurs spécialement formés.

– Contact anonyme sur le site Internet d'Info-Ado, en répondant rapidement et de façon compréhensive aux questions posées par les jeunes (http://info-ado.u-strasbg.fr).

Les résultats ont été rapides et encourageants. Au cours de l'année scolaire 1999-2000, l'action a été essentiellement consacrée à l'information du monde médical et des enseignants. À partir de l'année suivante les interventions auprès des classes de troisième et des classes de seconde ont été mises en place. Le nombre d'interventions n'a fait qu'augmenter depuis, pour se stabiliser en 2004 avec des interventions dans 86 % des établissements publics et 47 % des établissements privés de la communauté urbaine de Strasbourg.

La connaissance des jeunes de la structure Info-Ado a pu être appréciée sur le nombre de consultations dans les trois structures d'accueil disponibles à l'hôpital. Ce nombre est en croissance constante depuis 2000.

Nombre d'adolescents consultant dans l'une des trois structures Info-Ado

Année	Nombre d'adolescents
2000	249
2001	510
2002	716
2003	893
2004	1 104
2005-2010	1 200 par an

IVG et accouchements au CHU de Strasbourg

		< 18 ans	18-20 ans	21-25 ans	26-35 ans	> 35 ans	Total	% IVG/accou
2007	IVG	128	300	548	736	266	1 978	
	Accou	48	301	1 141	3 218	788	5 497	35,9 %
2008	IVG	112	253	497	642	264	1 768	
	Accou	43	266	1 089	3 485	826	5 709	30,9 %
2009	IVG	100	294	520	659	247	1 820	
	Accou	38	250	1 190	3 459	1 027	5 964	30,5 %
2010	IVG	95	292	516	645	277	1 825	
	Accou	36	278	1 194	3 711	922	6 141	29,7 %

Un des indicateurs pour évaluer les effets de cette action, est le nombre d'IVG chez les adolescentes de moins de 18 ans, qui a été évalué dans les trois services de gynécologie de Strasbourg depuis l'année 2000.

Nombre d'IVG/an chez les mineures dans les HUS

2004	119	+ 20 %
2005	123	+ 3,25 %
2006	138	+ 10,8 %
2007	128	– 7,8 %
2008	112	– 14,3 %
2009	100	– 12 %
2010	95	– 5,3 %

La variation a été calculée d'une année sur l'autre.

L'augmentation du nombre d'IVG à partir de 2004 a permis de repérer les difficultés qu'avaient certains jeunes de la région qui ne pouvaient pas se rendre à Strasbourg. C'est ainsi qu'a été créée « Info-Ado vallée de la Bruche » en accord avec la CPAM de Sélestat.

Le site Internet Info-Ado : http://info-ado.u-strasbg.fr, a été créé en juillet 2001 avec l'aide du service multimédia de l'université de Strasbourg. Ce site a été conçu pour répondre aux questions des jeunes mais aussi à celles des parents. La gestion par un site universitaire permet de s'affranchir de l'aide des publicitaires. Les adolescents se choisissent un pseudonyme et posent leurs questions. Ils ont la possibilité de lire la réponse sur le site ou directement sur leur messagerie s'ils ont noté leur adresse électronique. Depuis 2001, l'équipe a répondu à 41 985 questions. La structure Info-Ado a permis de montrer la faisabilité et le succès possible grâce à la diminution du nombre d'IVG chez les moins de 18 ans, au sein de la communauté urbaine de Strasbourg. En Alsace, tous les professionnels investis dans ces actions de prévention se retrouvent, depuis dix ans, dans le cadre de l'observatoire de l'IVG sous l'égide de l'agence régionale de santé. Cela a permis aux équipes de se connaître et de travailler de façon complémentaire pour optimiser les actions de prévention réalisées dans toute la région.

Le taux d'IVG pour les mineures en 1997 est estimé à 7 ‰ en France et à 5,9 ‰ en Alsace. Ce taux a augmenté en 2006, il est de 12,9 ‰ en France, de 12,3 ‰ en France métropolitaine et de 9,3 ‰ en Alsace.

Le taux d'IVG pour 1 000 femmes en âge de procréer (15-49 ans) est de 10,45 en Alsace pour l'année 1997 et de 13,3 en France. En 2006, ce taux est de 11,4 en Alsace et de 14,5 en France métropolitaine.

La logique d'une action de prévention primaire est de considérer que chaque IVG évitée à cet âge justifie l'ampleur de l'effort.

La force d'Info-Ado est de permettre, sous un seul sigle, avec une équipe compétente et dans des structures spécifiques, une prévention primaire, secondaire et tertiaire. Les adolescents savent qu'ils s'adressent à une équipe susceptible de les accompagner tout au long de leur chemin et particulièrement en cas de problèmes.

La vallée de la Bruche est semi-rurale. Les centres de planification sont à 30 kilomètres pour l'entrée de vallée et à 60 kilomètres pour le point le plus reculé. Cela rend leur accès pour les jeunes difficile, voire impossible. La région compte six collèges et quatre lycées. Une concertation s'est amorcée fin 2002 entre médecins, pharmaciens et la CPAM de Sélestat ce qui a permis d'élaborer un fonctionnement en réseau financé par cette CPAM. Le réseau est géré par un gynécologue local assisté de cinq médecins généralistes exerçant tous dans la vallée de la Bruche. Les médecins assurent en collaboration avec les infirmières scolaires les séances d'information à la sexualité. Ils accueillent les jeunes dans leur cabinet de consultation de façon anonyme et gratuite et leur prescrivent une contraception et/ou des examens biologiques. Toutes les pharmacies de la région sont habilitées à honorer la prescription gratuitement, de même que les laboratoires d'analyse médicale. Chaque partenaire a signé une convention établie avec la CPAM. Chaque année un bilan de l'action est établi.

L'enveloppe de fonctionnement actuelle se répartit ainsi :
- ARS : 4 200 euros (vacations scolaires).
- CNAM : 3 500 euros (consultations, pharmacie, labo).

Le nombre d'élèves bénéficiant des interventions est de 1 400 par an. Le nombre moyen de consultations annuelles est de 150 par an. Ce système fonctionne avec des personnels et structures déjà existants sur le territoire. Il est donc facilement applicable dans les régions dépourvues de centre de planification.

Son coût de fonctionnement est faible. Le dispositif en réseau assure une meilleure collaboration avec les pharmaciens et les infirmières scolaires qui sont parties prenantes dans l'organisation et la réussite du projet. Cette expérience, initialement mise en œuvre dans la vallée de la Bruche, dépourvue de centre de planification familiale, a été étendue, au fil des années, à d'autres secteurs de la circonscription de la caisse primaire. Ce réseau est composé d'une trentaine de médecins, de pharmaciens et de laboratoires d'analyses médicales. Le dispositif Info-Ado axé sur le principe de proximité, s'articule autour de deux points :

– La prévention.

– Le suivi individualisé avec une prise en charge gratuite et anonyme.

La prévention se traduit par des interventions régulières des médecins du réseau dans les milieux scolaires (collèges et lycées essentiellement) des secteurs couverts par l'action Info-Ado. Les séances d'information sont orientées sur la prévention des infections sexuellement transmissibles et des grossesses non désirées, avec la collaboration systématique des infirmières scolaires. À l'issue de ces séances, des entretiens individualisés aux cabinets des praticiens, anonymes et gratuits, sont proposés aux jeunes filles qui le souhaitent. Lors de ces consultations, les médecins peuvent prescrire des contraceptifs et des tests de dépistage spécifiques. Des tests de grossesse et des préservatifs sont mis à disposition. L'assurance-maladie, au titre du Fonds national de prévention, d'éducation et d'information pour la santé, finance essentiellement les consultations médicales de suivi individualisé des jeunes filles et les contraceptifs. Le Groupement régional de santé publique prend en charge, *via* une subvention annuelle versée à la caisse, les vacations des praticiens en milieu scolaire. L'adolescente ne fait aucune avance de frais, n'a pas besoin de présenter de carte Vitale ou autre justificatif. Les facturations sont anonymisées et traitées en tiers payant.

Cette prise en charge individualisée des adolescentes dans les cabinets des médecins adhérents est complétée par des séances d'information collective d'éducation à la sexualité dans les collèges et lycées implantés dans le secteur géographique de la caisse primaire. Ces séances sont animées par les médecins ayant adhéré au dispositif. À cette occasion, la caisse primaire met, gracieusement et en nombre suffisant, des préservatifs à disposition des intervenants. En adhérant à la convention, le médecin accepte de prendre en charge individuellement, dans son cabinet, toute adolescente se présentant dans le cadre du dispositif. Il s'engage à prescrire sur une ordonnance anonyme portant l'identifiant Info-Ado, en totale dispense d'avance de frais, les contraceptifs oraux adaptés, voire les examens d'analyses médicales complémentaires nécessaires. Le médecin s'engage également, sous la coordination du médecin référent, à assurer des séances d'information collective d'éducation à la sexualité dans les collèges et lycées implantés dans la circonscription de la caisse primaire de Sélestat.

En adhérant à la convention, le pharmacien accepte de délivrer, de façon anonyme (facturation avec l'identifiant Info-Ado) et en totale dispense d'avance des frais, les contraceptifs oraux prescrits à l'adolescente. De même le directeur de laboratoire accepte de réaliser les analyses médicales prescrites en garantissant anonymat et gratuité.

Les professionnels de santé n'établissent pas de feuille de soins électronique (facturation hors télétransmission). Seule la facturation papier (feuille de soins ou volet de facturation) est utilisée et adressée à la caisse primaire. Elle comporte les mentions obligatoires usuelles et la signature du professionnel de santé et l'identifiant Info-Ado. Ce document ne comporte pas de mention permettant d'identifier l'adolescente. Un numéro national identifiant (NNI) est utilisé le 2 66 66 66 672 042/85 ainsi qu'une date de naissance : 31/12/1966.

En ce qui concerne les séances d'information collectives en milieu scolaire, à réception d'un état annuel individuel certifié par le médecin intervenant, la caisse primaire s'engage à rétribuer le professionnel de santé en fonction et dans la limite des crédits budgétaires disponibles.

Annuellement, à l'initiative du responsable du service prévention de la caisse primaire, une évaluation conjointe du fonctionnement et des résultats du dispositif avec les professionnels de santé est rendue. La convention signée entre le médecin, le pharmacien, le directeur de laboratoire et la caisse primaire d'assurance-maladie de Sélestat est conclue pour une durée d'un an à compter de la date de signature des parties. Elle est reconduite de façon tacite par périodes de même durée, sauf dénonciation par les parties signataires au moins trois mois avant la date d'échéance. Les pharmaciens participent à cette action et promeuvent un accueil discret des jeunes filles munies d'une telle ordonnance dans leurs officines (en secteur rural, les indiscrétions sont plus rapides). Les pharmaciens fournissent également des explications sur l'usage des produits délivrés et le remboursement se fait en tiers payant sous le même sigle informatique que celui de la contraception d'urgence. Les ordonnances n'étant pas nominatives, aucun nom, prénom, date de naissance n'est demandé. Il est juste stipulé sur l'ordonnance que celle-ci est faite dans le cadre du dispositif Info-Ado.

Les médecins libéraux ayant intégré le dispositif Info-Ado doivent participer à l'information sur la sexualité en milieu scolaire. Cela constitue à la fois un avantage et un inconvénient pour certains. Un avantage car les praticiens vont à la rencontre des adolescents, ce qui permet d'établir un échange et favorise ensuite la prise de contact. Un inconvénient car ce n'est pas toujours facile pour les médecins libéraux de dégager du temps en dehors du cabinet et cela peut même être rédhibitoire pour certains. Cependant, le système ne s'épuise pas, bien au contraire puisque de nouveaux médecins le rejoignent progressivement. En outre, il ne crée pas de nouvelles structures mais utilise les moyens disponibles (médecins, pharmaciens). Il pourrait donc être aisément étendu à tout le territoire national, son expérimentation ancienne ayant donné toute satisfaction.

Avantages :

– Anonymat et gratuité de la contraception pour toutes les mineures sans limitation dans le temps et dans le nombre de consultations.

– Les médecins du réseau participent au dispositif d'information à l'école.

– Tous les médecins peuvent participer au dispositif et les contraceptifs sont disponibles anonymement à la pharmacie.

Inconvénients :

– Seuls les médecins qui interviennent dans les écoles sont connus par les jeunes.

Le dispositif du Loir-et-Cher

Un mailing a été adressé à l'ensemble des médecins du Loir-et-Cher pour proposer une adhésion à la convention permettant aux mineures de bénéficier de consultations individuelles de contraception sans avance de frais, garantissant l'anonymat et la gratuité. Seize médecins, douze pharmacies et onze laboratoires ont choisi d'adhérer à la convention. La communication sur ce dispositif se fait au moyen de plaquettes distribuées par l'Éducation nationale par l'intermédiaire des infirmières scolaires des collèges et lycées et par les CPEF. Le site Internet du conseil général du Loir-et-Cher indique la situation des quatre CPEF du département (tous dépendants d'un centre hospitalier) et précise également aux mineures qu'elles ont aussi la possibilité de consulter librement les médecins libéraux conventionnés avec le conseil général pour toute consultation de contraception. Il informe les mineures sur la gratuité des consultations, des actes de biologie et de la délivrance de pilule (dans les pharmacies et laboratoires conventionnés). La liste des médecins, pharmaciens et laboratoires conventionnés n'est pas disponible sur le site mais auprès des infirmières scolaires, des CPEF et du service de protection maternelle infantile.

Lors de la consultation, le médecin indique sur l'ordonnance les initiales de la patiente et stipule la mention « délivrance gratuite pour mineure ». Il indique également à la jeune fille les coordonnées des pharmacies les plus proches de son cabinet ayant signé la convention. Aucune carte Vitale n'est demandée, aucune feuille de soins papier n'est rédigée. N'importe quel moyen de contraception peut être délivré en fonction de l'appréciation du médecin. Si des analyses biologiques (bilan lipidique et glucidique ou sérologies IST) sont nécessaires, la mention « délivrance gratuite pour mineure » vaut également.

Les médecins libéraux ayant adhéré à la convention n'ont pas d'obligation d'intervention dans les écoles. Chaque trimestre, les médecins adressent une note d'honoraires au conseil général avec la date des différentes consultations, les initiales de la jeune fille et sa date de naissance.

Ce dispositif, fort bien pensé, existe depuis 2006 mais il est regrettable qu'il n'ait pu concerner que trente-six mineures en 2010, son point faible étant sans doute l'absence d'information en milieu scolaire. Cela confirme le caractère indispensable de l'information à la sexualité en milieu scolaire. L'un ne va pas sans l'autre. Quelle que soit la qualité du réseau de prise en charge des jeunes, le dispositif est inefficace si les adolescents n'ont pas été approchés préalablement là où ils se trouvent, c'est-à-dire à l'école.

Avantages :
– Anonymat et gratuité de la prise en charge pour les mineurs quel que soit le mode de contraception pour une période de six mois.
– Ordonnances non nominatives.
– Tous les médecins du département peuvent participer sans obligation de contribuer à la formation dans les écoles.

Inconvénients :
– Information à l'école par l'intermédiaire des infirmières scolaires qui peuvent donner la liste des médecins impliqués.
– Pas de préparation des médecins à l'accueil des jeunes.
– Diffusion très faible du dispositif.

Les dispositifs de l'Hérault et du Maine-et-Loire

Un dispositif a été mis en place en 2007 sur la ville de Saint-Pons-de-Thomières, grâce au financement du conseil général et a été étendu secondairement à cinq autres villes. Une conseillère conjugale et familiale tient une permanence de quelques heures par semaine, pour recevoir les jeunes filles et leur donner différentes informations sur la sexualité et la contraception. Elle travaille avec un réseau de professionnels de santé libéraux (médecins, pharmaciens, laboratoires d'analyses médicales) qui ont passé une convention avec le Mouvement français pour le planning familial. Lors de cet entretien, la jeune fille obtient un bon pour une consultation médicale. Elle prend alors rendez-vous avec un médecin de son choix, conventionné avec le MFPF. Suite à la consultation, un bon nominatif est délivré (pas nominatif dans le Maine-et-Loire), accompagné d'une ordonnance nominative pour la pharmacie et si besoin pour le laboratoire.

Le médecin passe convention avec l'association départementale de l'Hérault du Mouvement français pour le planning familial, afin d'assurer aux jeunes de moins de 20 ans l'accès gratuit à une contraception, au dépistage du sida et au diagnostic de grossesse. Des tests de grossesse urinaires sont disponibles et il est possible d'effectuer si besoin un test de grossesse sanguin. Les prescriptions concernent n'importe quel contraceptif et au niveau des examens de laboratoire les tests de dépistage des IST, ainsi que la sérologie rubéole et le bilan lipido-glycémique peuvent être effectués. La prescription des contraceptifs doit privilégier ceux qui sont remboursés par la Sécurité sociale, sauf si le médecin juge qu'un autre moyen non remboursé est mieux adapté pour la patiente. Les consultantes sont munies de façon générale d'un bon de prise en charge du MFPF. Toutefois, si une personne se présente sans ce document, le médecin peut inclure la consultation dans le cadre de la convention. Le médecin peut, le cas échéant, adresser la personne à la conseillère pour des informations complémentaires. Les garçons peuvent également consulter et des préservatifs leur sont délivrés si nécessaire. Le médecin renvoie un relevé trimestriel de ses actes au MFPF pour obtenir le paiement. Seize médecins ont adhéré à la convention et la conseillère conjugale et familiale a réalisé 406 entretiens, dont 155 pour la contraception, 46 pour un entretien avant une IVG, 10 pour un entretien à la suite d'une IVG, 105 pour tests de grossesse, 90 pour des sérologies IST. Le nombre total de bons de consultation délivrés a été de 345, dont 240 pour des mineures.

Dans un dispositif comme dans l'autre, le système de passage par un intervenant supplémentaire n'est pas satisfaisant. Il oblige les adolescents à libérer du temps pour venir sur les heures de permanence de la CCF et à trouver également un moyen de locomotion pour ensuite procéder à la même opération avec le médecin. C'est plutôt contraignant. Il est d'ailleurs envisagé de le modifier en faisant intervenir les infirmières scolaires qui sont plus accessibles. Les coupons seraient alors délivrés par les infirmières plutôt que dans les permanences des conseillères conjugales.

Avantages :
– Anonymat et gratuité de la prise en charge pour les garçons et les filles, quel que soit le mode de contraception.

Inconvénients :
– Pas de dispositif d'information à l'école et la diffusion se fait par les permanences des CCF où il faut pouvoir se rendre.
– Les infirmières scolaires ne sont pas intégrées au dispositif.
– Pas de préparation des médecins à l'accueil des jeunes.
– Pas de diffusion directe aux médecins et pas de diffusion dans les collèges.
– Dans l'Héraut, les coupons sont nominatifs.

Au total, beaucoup d'initiatives dans diverses régions de France, beaucoup de bonnes idées, mais une efficience toujours assez faible chaque fois que le réseau de distribution des contraceptifs n'est pas associé à une information en milieu scolaire. Ces expériences disparates prouvent la complexité du problème et le véritable besoin d'une uniformisation pensée en fonction des succès et des échecs des uns et des autres.

L'éclosion constante de systèmes toujours différents (ceux de la région Rhône-Alpes et de la région PACA viennent d'être mis en place en novembre 2011) atteste d'une prise de conscience collective du vide existant dans ce domaine et des difficultés qu'il y a à réussir sans véritable projet national.

CHAPITRE 4

À L'ÉTRANGER

Dans les pays où sont disponibles une contraception de bonne qualité, facilement accessible, ainsi qu'une éducation sexuelle appropriée, le taux de grossesse chez les jeunes va en diminuant. Par rapport aux autres pays développés, la France occupe une position intermédiaire entre les pays du Sud et ceux du Nord, avec des taux d'avortement et de natalité chez les jeunes de l'ordre du double de ceux des Pays-Bas. L'excellent travail du Centre d'analyse stratégique publié en juin 2011[1] regroupe les deux tendances observées dans les grandes démocraties occidentales sur ce sujet, d'une part les pays de l'Europe du Nord et la Suisse, d'autre part, les pays anglo-saxons. Le parti pris de l'information des jeunes semble produire de meilleurs résultats que celui de la prévention de la sexualité par une dimension moralisatrice.

1. Naves M.-C., Sauneron S., « Comment améliorer l'accès des jeunes à la contraception ? Une comparaison internationale », Centre d'analyse stratégique, *Les Notes d'analyse*, juin 2011, 226 (www.strategie.gouv.fr).

Grossesses poursuivies et IVG en 2009 pour 1 000 femmes de 15 à 19 ans[1]

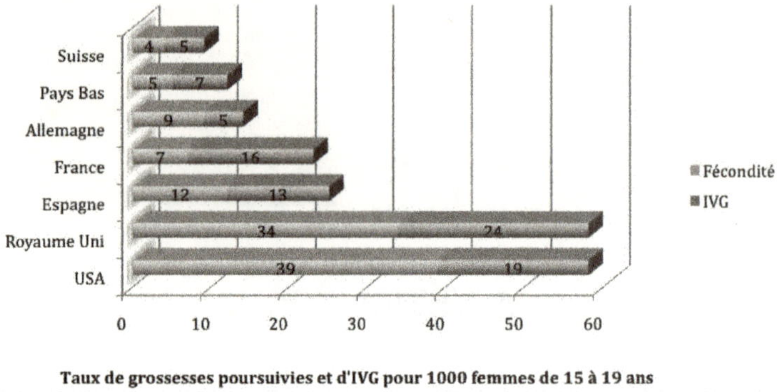

En Suisse romande

Des intervenants associatifs payés par les collectivités territoriales s'adressent aux enfants dans les écoles à tous les niveaux de scolarité au moins une fois par an. Ce travail se fait en collaboration avec les enseignants formés et sensibilisés aux questions aussi diverses que l'identité corporelle, l'inceste, le viol ou la pornographie. Une uniformisation de ces programmes au niveau national est actuellement en cours. Le taux de fécondité et d'IVG chez les jeunes y est un des plus bas d'Europe.

Aux Pays-Bas

Une semaine d'information des enfants de 4 à 12 ans, basée sur le volontariat, comporte des cours, des activités ludiques, des pièces de théâtre sur l'amour, sur les liens entre filles et

1. *Ibid.* Et États-Unis : US Department of Health and Human Services (2008) ; R-U : Office for National Statistics (2009) ; Espagne : El grupe daphne (2009) ; France : DREES (2007) et INSEE (2010) ; Allemagne : Federal Center for Health Education (2009) ; Pays-Bas : Centraal Bureau voor de Statistiek (2008) ; Suisse : Office fédéral de la statistique (2009).

garçons et l'estime de soi, sur le rapport au corps et la prévention de la violence. L'objectif des organisateurs est de contrebalancer les conséquences psychologiques d'une exposition de plus en plus fréquente et précoce à la pornographie. Ces programmes impliquent également les parents qui peuvent assister aux séances et poser des questions. Le système en vigueur aux Pays-Bas, très différent du nôtre, autorise depuis longtemps un accès particulièrement large à l'IVG, jusqu'à un terme avancé de vingt-quatre semaines d'aménorrhée. Pour autant, le taux d'IVG hollandais, le plus faible des pays occidentaux, reste très bas par rapport à celui de la France. Probablement, parce que l'éducation des jeunes sur la sexualité et la contraception y est beaucoup plus précoce et adaptée que dans notre pays. Aux Pays-Bas, il existe une « culture de la planification familiale » très développée. Cela signifie que chacun est très conscient qu'une grossesse non désirée doit être évitée dans tous les cas. Ainsi le nombre de grossesses non désirées est très restreint.

Au Québec[1]

Un effort remarquable d'intégration de l'éducation à la sexualité tout au long du parcours scolaire est actuellement effectué[2] avec l'ensemble du corps enseignant. L'éducation à la sexualité ne s'y limite pas à une activité pédagogique isolée, mais s'inscrit dans un contexte plus global[3].

---

1. Gouvernement du Québec (2003), *Programme national de santé publique 2003-2012,* Québec, Direction générale de la santé publique, 133 p. (www.msss.gouv.qc.ca).

2. Outils pour l'intégration de l'éducation à la sexualité dans la réforme de l'éducation. Ce document s'adresse au personnel enseignant et au personnel des services complémentaires travaillant dans les écoles primaires et secondaires ainsi qu'à leurs partenaires du réseau de la santé et des services sociaux. L'orientation retenue vise le développement de compétences diverses, et l'éducation à la sexualité ne relève maintenant plus d'une seule matière ou d'un seul intervenant, mais devient la responsabilité d'un ensemble de partenaires. Disponible sur les sites Internet du ministère de l'Éducation et du ministère de la Santé et des Services sociaux (www.meq.gouv.qc.ca www.msss.gouv.qc.ca).

3. Duquet F., « En parler à l'école… », *Informations sociales,* Dossier « Éducation sentimentale et sexuelle », 1996, 55, p. 91-102.

Ainsi, l'intention éducative doit être claire et précise pour tous, sans pour autant que les outils didactiques utilisés soient identiques. Ceux-ci peuvent en effet varier selon le style de l'intervenant et selon l'âge et le niveau de développement des élèves. La sexualité qui est au cœur de l'identité de chacun doit être abordée dès le début de l'enfance pour amener l'élève à réfléchir sur la complexité et la richesse de la sexualité humaine, mais aussi pour prévenir des situations plus difficiles[1]. Les objectifs sont déclinés par catégorie d'âge :

Pour la petite enfance (5 ans)

L'éducation à la sexualité auprès des enfants d'âge préscolaire se doit d'être présentée simplement et sous forme ludique. L'enfant est informé correctement des différences entre les garçons et les filles, ce qui le rassure sur son identité. De même, la capacité de s'affirmer comme garçon ou comme fille constitue un préalable dans les premières démarches de prévention de toute forme d'exploitation, notamment l'exploitation sexuelle, sans compter qu'on lui indiquera des règles claires de sécurité.

Pour l'enfance (6-11 ans)

L'élève du primaire voit son univers s'élargir considérablement de la première à la sixième année. Sa curiosité toute naturelle et sa spontanéité le rendent réceptif à de multiples apprentissages. Toute nouvelle connaissance lui donne une meilleure emprise sur son univers. Comme il lui est difficile parfois de distinguer le vrai du faux, notamment en matière de sexualité, il est intéressant de constater la progression de sa démarche intellectuelle, à la suite des interventions en matière d'éducation à la sexualité. De même, vers la fin du primaire, les changements corporels associés à la puberté le rendent fort conscient de son

1. Duquet F., « Qui trop embrasse, mal étreint ? », art. cit.

image et du regard de l'autre. Il demeure cependant perméable à toute analyse critique quant à la pression des autres élèves et à l'influence médiatique sur sa perception de l'amour et de la sexualité. Tous ces échanges d'idées lui permettent de mieux structurer son identité et de mieux s'affirmer comme garçon ou comme fille. De même, en échangeant des idées avec ses camarades, il apprend à communiquer sur des thèmes associés à l'intimité et à l'affectivité, et ce, dans un lieu sûr.

Pour l'adolescence (12-17 ans)

La préadolescence et l'adolescence sont riches en événements de toutes sortes. La « normalité » est au cœur des préoccupations des élèves de 12 à 17 ans, ce qui les rend d'ailleurs extrêmement vulnérables aux influences extérieures. Souvent inquiets quant au regard de l'autre, ils ont parfois du mal à prendre une distance suffisamment grande afin de mieux s'affirmer. Les démarches d'éducation à la sexualité devront leur permettre non seulement de ne pas être déroutés par la réalité sexuelle, mais également de ne pas se laisser piéger par des modèles irréalistes. Ces interventions devront se faire progressivement et dans le respect du niveau de développement du jeune.

Plusieurs phénomènes liés à la sexualité interpellent les 12-17 ans (image corporelle, capacité de séduction, relations amoureuses, agir sexuel, etc.) ; d'autres les inquiètent ou les troublent (IST et sida, grossesse à l'adolescence, harcèlement, agression sexuelle, etc.). Chaque discussion autour de ces questions offre une occasion unique d'apprendre sur la sexualité, mais aussi sur leur sexualité. En effet, les échanges d'idées entre amis leur permettent d'apprendre à la fois sur eux et sur leurs camarades, sans être obsédés par leur propre image. De plus, en étant critiques relativement aux influences extérieures, notamment les médias, ils pourront mieux structurer leur identité sans se limiter à la simple imitation des modèles à la mode. Leur capacité intellectuelle est en pleine effervescence, ce qui devrait, en principe, faciliter discussions et débats. Cependant, en matière de sexualité, la peur du jugement est très présente. Ainsi, il importe de leur rappeler que tous ont une opinion sur la sexualité, qu'ils aient déjà eu un amoureux ou une amoureuse ou non, qu'ils aient déjà eu des activités sexuelles ou non. L'expérience n'est pas la seule clé de l'apprentissage et d'une réflexion de qualité. La plupart d'entre eux considèrent que l'agir sexuel sera ou a été déterminant dans leur parcours, d'où l'importance de les faire réfléchir sur les conditions dans lesquelles celui-ci représentera ou représente actuellement un choix « éclairé ».

En somme, en explorant le domaine de la sexualité, comme tout autre domaine de la vie, les jeunes apprennent à démythifier cet univers. D'ailleurs, toute démarche d'éducation à la sexualité doit se faire progressivement et dans le respect du niveau de développement de l'enfant et de l'adolescent.

Aux États-Unis et au Royaume-Uni

Les pays anglo-saxons misent plus sur la dimension moralisatrice de l'éducation sexuelle et cherchent par ailleurs à diminuer le coût social des grossesses chez les adolescentes qui sont à 80 % le fait des populations défavorisées. Sous l'influence d'associations religieuses, les pouvoirs publics considèrent que les adolescents doivent être protégés le plus longtemps possible de la sexualité et promeuvent donc l'abstinence comme moyen principal de contraception. Les États qui mettent en œuvre ce type d'éducation peuvent d'ailleurs bénéficier depuis 1978 de subventions fédérales.

Ce type d'attitude éducative, comme on l'a vu plus haut, fait la preuve de son inefficacité par le nombre élevé d'IVG et de grossesses poursuivies qu'il promeut.

Partie III

PENSER LA PRÉVENTION DES IVG

CHAPITRE 1

LE DÉVELOPPEMENT PSYCHOAFFECTIF DE L'ENFANCE À L'ADOLESCENCE

Pour parler d'éducation sexuelle de nos enfants et adolescents, mais aussi de programme de prévention les concernant, nous devons comprendre comment la sexualité vient aux enfants. Dès la naissance, le bébé puis l'enfant et ensuite l'adolescent est confronté à une vie libidinale, c'est-à-dire à des désirs qui sont des moteurs porteurs d'élans vitaux. Ces élans sont indispensables et, s'ils doivent être contenus et refoulés, ils ne doivent jamais être annulés ou condamnés. L'énergie libidinale est indissociable de l'équilibre du sujet.

La petite enfance

Cette période de la vie peut se diviser en deux grandes parties : la première, jusque vers 3 ans, durant laquelle le bébé s'ouvre à la vie et à son environnement. Tous ses engagements libidinaux, c'est-à-dire son désir de vie, seront sensoriels, moteurs, émotionnels, affectifs et conduiront à une construction affective privilégiant les liens avec ses parents et sa famille. Puis, l'enfant découvre qu'il n'est pas seulement un enfant, mais un enfant sexué. Cette nouvelle représentation de lui va entraîner des comportements qui vont modifier son être relationnel, sa vie affective, ses aspirations intimes. L'enfant devenu sexué est un autre enfant avec de nouveaux parents intérieurs. Enfin, l'enfant deviendra adolescent avec ses expériences de l'enfance.

LA PREMIÈRE PHASE DE LA PETITE ENFANCE : 0 À 2 ANS

Dès sa naissance, le bébé va découvrir une sensation tout à fait inconnue de lui, la faim. Sensation désagréable qui le met dans une tension corporelle terrible qu'il va chercher à limiter au maximum afin de retrouver les sensations de bien-être qu'il ressentait en continu dans le ventre de sa mère. Chaque tétée va lui en donner l'occasion. Très vite, il s'aperçoit que, pour se sentir bien, il lui faut être repu ; que l'expérience doit se répéter car ces bienfaits ne durent jamais très longtemps ; que ces derniers viennent toujours après qu'il a reçu le lait et les soins parentaux qui l'accompagnent. Pour le bébé en quête de bien-être, il s'agit de téter calmement en posant sa bouche sur le sein ou la tétine, de trouver un rythme régulier, de laisser le liquide se répandre dans son corps, de profiter de la voix qui lui parle, des mains qui le caressent, des mots qui l'encouragent, de l'odeur qui l'enveloppe. Les expériences corporelles concentrées autour de sa bouche se diffusent dans chaque parcelle de son corps. Le bébé boit le corps sensoriel de son parent tout en laissant couler le lait en lui, et amorce ainsi sa vie libidinale. Car le bébé est un *corps-bouche* qui tète, presse, encore et encore, fait tourner sa langue autour du sein ou de la tétine, en palpe les contours. Là, sans en avoir l'air, il recueille une foule d'éprouvés bruts qu'il va consciencieusement rassembler pour, plus tard, les transformer en émotions.

Il se fabrique ainsi sa première colonne vertébrale sensorielle, sa première identité corporelle indispensable pour exister et aller à la rencontre des choses qui nous entourent. Il s'agit de la construction de son *Moi corporel*. Se sentir bien, repu et apaisé favorise les relations ultérieures. On retrouvera chez l'adolescent ce besoin de mettre à la bouche, de sucer des sucreries, de grignoter sans cesse, de téter le goulot de sa bouteille pour chercher un apaisement et ressentir son existence.

Un bébé a besoin de ressentir des sensations fortes à travers sa bouche même quand il ne mange pas. Avoir assez mangé, c'est être *repu*. Avoir reçu assez de plaisir en tétant, c'est être *satisfait*. Un bébé peut être repu mais pas satisfait. C'est pour cette raison que, parfois, alors que nous sommes persuadés que l'enfant a assez mangé, il réclame encore de téter. La tétine a d'ailleurs pour fonction de répondre au besoin de succion.

Cela n'est pas sans nous rappeler à nouveau certains comportements adolescents et même de jeunes adultes, qui s'accrochent des minitétines autour du cou tout en riant de leurs provocations, qui se mettent un piercing sur la langue pour le téter à tout moment, en prenant appui sur le palais. Les comportements régressifs des adolescents sont comme pour le bébé des besoins libidinaux, des temps de réassurance, des moyens de se calmer dans des activités auto-hallucinatoires.

Fort du sentiment plaisant d'exister, le bébé va passer d'un corps de chair immature et sensoriel à un corps engagé cherchant à communiquer. Il veut jouer à recevoir des sensations excitantes, apaisantes, qui entrent dans un dialogue sensuel, corporel, tactile, sonore, visuel avec ses parents. Et ses sens vont l'accompagner dans ces découvertes. Son *Moi-corps*, qui lui fournit la certitude d'être quelqu'un, lui permet d'accéder à un état de bien-être que nous nommons le *narcissisme*. Cet état repose sur la certitude d'exister dans le regard de la mère et du père. Empreint de ce regard, l'enfant va garder une sécurité intérieure. Il est ainsi porteur de messages à jamais inscrits dans sa chair : il a de la valeur, une dignité, une existence. Bagage essentiel, richesse de la vie psychique qui ouvre toutes les portes de la découverte, des séparations ultérieures, de l'autonomie. Armé de ces deux forces psychiques fondamentales, le *sentiment d'exister* et une *sécurité intérieure*, le bébé est prêt pour commencer à se détacher et pour expérimenter la motricité de son corps et vivre les premiers détachements. Notons que ces deux fondamentaux psychiques sont mis à l'épreuve pendant l'adolescence. Fragilisé, le jeune se cherche alors et trouve dans ses amitiés intimes, parfois ambiguës, ou dans une succession de relations affectives et sexuelles, une image de lui-même qui le rassure. Tel est le cheminement de l'adolescent qui, en plus du regard de ses parents, a besoin du regard de ses pairs et de leur affection.

Et c'est au moment de cet âge sensible qu'il a été décidé d'introduire dans les manuels des lycéens, le concept de genre.

Né dans les années 1970, sous la plume entre autres de Judith Buttler[1], ce concept a envahi la littérature américaine.

On retrouve chez cette brillante auteure une certaine influence de la psychanalyse mais avec nous semble-t-il un désaccord profond sur la question de la féminité et de la masculinité, et leurs expressions. Aujourd'hui sa thèse de la construction sociale de la différence des sexes rencontre un certain succès un peu partout, y compris en France. Selon l'auteure, nous naissons biologiquement différents mais nous nous distinguons du fait d'influences sociales et culturelles, de même que l'hétérosexualité est une construction assignée par des interactions psychiques précoces données par la société. D'une certaine façon, nous pourrions en déduire une forme de biologisation du psychisme, comme si l'enfant qui naît garçon pouvait devenir psychiquement fille sous ces influences, et *vice versa*, dans une forme de destin à jamais figé puisque la conflictualité psychique est évacuée. Cette théorie qui se voit aujourd'hui prendre une place de choix dans les programmes scolaires, n'est pas, selon nous, sans poser des questions[2].

Pourquoi ce choix unique d'une théorie parmi d'autres à propos de la construction du sujet ? Aurions-nous accepté à l'identique que nos jeunes n'étudient qu'un seul auteur de philosophie ? Pourquoi cette absence d'ouverture sur la question de la construction psycho-sexuelle ? Pourquoi ne retrouvons nous pas des théories « attachementistes », comportementalistes, anthropologiques, psychanalytiques et autres, afin que les jeunes puissent découvrir ces différents angles de réflexion ?

Pour exemple, la psychanalyse démontre autrement le cheminement de l'enfant vers l'âge adulte. Elle fait part de la grande puissance des fantasmes parentaux et de leur influence dans le réel de l'enfant. Nous ne sommes pas qu'un corps de chair. Nous sommes traversés par une histoire, pris dans des rencontres précoces où les fantasmes, les gestes, les mots, les pensées nous constituent : êtres de chair et de mots ; corps physique et psychique accompagnent notre croissance. Bébé-fille, bébé-garçon

1. Buttler J., *Trouble dans le genre. Le féminisme et la subversion de l'identité*, traduction Cynthia Krauss, Paris, La Découverte, 2005.

2. Cette question étant éloignée de l'objet de notre réflexion, nous nous abstiendrons de l'analyser ici en détail.

portent des messages du masculin et du féminin dans leur corps sexué, en creux, en plein, en trop plein. Ils naîtront avec ce bagage, sujets de leur identité sexué, plus tard de leur identité sexuelle, avec cette question du manque, qui se manifestera tôt ou tard. Là est la différence des sexes. Là est la démonstration du psychisme et de ses enjeux internes qui ne changeront en rien le sexe de l'enfant mais agiront sur son expression et le rendront singulier.

Mais poursuivons sur la question de la croissance de l'enfant et observons que, pour l'enfant enfin en mouvement, le plaisir change de forme. Plaisir du corps moteur qui favorise les contacts, procure des sensations nouvelles que l'enfant ne cesse de rechercher. Ces éprouvés du bébé de quelques mois sont devenus des sensations-émotions qui lui ouvrent un monde infini de découvertes. Il aime aller à la rencontre de l'objet et il est prêt à toutes les contorsions pour le saisir et se l'approprier : il le met à la bouche, le tète, le regarde, le tète à nouveau, colle son nez dessus et recommence. Le bébé a besoin de faire une expérience personnelle de cette nouvelle autonomie. Plus tard, il ressentira encore ce besoin de pouvoir seul découvrir ce qu'il peut faire. L'espace-temps de l'expérience est une quête majeure de l'enfant qui grandit. Personne ne peut le faire à sa place. Une fois devenu adolescent, il sera particulièrement avide de pouvoir prouver ce qu'il est capable de réaliser lui-même. Il recherchera l'encouragement de ceux qu'il aime. Qu'il soit un jeune enfant ou un adolescent il sera aussi attentif à ce que provoquent ses activités sur ses parents. Les enjeux émotionnels prennent une place prépondérante dans ce temps de la croissance.

L'espace-temps de l'expérience est un thème à part entière dans les questions qui nous occupent. Il s'agit là de la place du parent dans l'expérimentation de la vie du bébé. Plus tard, la question reviendra pour l'adolescent, avide d'expérimenter l'amour, la sexualité, les relations intimes en dehors de ses parents mais avec la certitude qu'ils l'aimeront même s'il va aimer ailleurs.

Des parents expliquent en consultation qu'ils interdisent certaines sorties à leurs adolescents parce que « je l'ai fait quand j'étais jeune alors je sais de quoi je parle, c'est donc non ». Privé d'expérience personnelle au nom d'un déjà vécu de son parent, l'adolescent se sent blessé et infantilisé. Il ressent beaucoup d'injustice dans cette décision qui l'ampute de ses premières autonomies adolescentes. Nous y reviendrons.

Le bébé explorateur qui marche, court, grimpe est capable de s'éloigner de son parent, d'y prendre du plaisir, de dépasser sa crainte de le perdre. Il peut le faire grâce à un nouvel acquis fondamental désigné par le concept de *permanence de l'objet* : l'enfant admet qu'un objet continue d'exister quand il quitte son champ perceptif. Cette permanence implique que l'enfant soit capable de conserver de l'objet une représentation mentale. Qu'il soit capable de l'avoir en image dans sa tête, de se le représenter. Quand on a l'assurance qu'on ne va pas perdre ceux qu'on aime, on peut *dormir sur ses deux oreilles*. Aller se coucher, fermer les yeux, exige beaucoup de sécurité intérieure. Mais cette sécurité est aussi indispensable quand ceux qu'on aime s'éloignent, quand l'adolescent commence à quitter le nid familial.

Cette toute première petite enfance confronte aussi l'enfant à un début d'autorité parentale et à quelques exigences auxquelles il ne s'attendait pas. Habitué à vivre selon ses désirs, à recevoir les bons soins de ses parents, il découvre maintenant qu'il marche et devient un explorateur habile, que tout n'est pas autorisé. Cette réalité loin de sa vie pulsionnelle est une vraie gageure et le met souvent dans des colères noires que les parents connaissent bien. À deux ans, on n'accepte pas si simplement d'être contrarié dans ses demandes. La capacité du parent à lui résister, à tenir une parole et à donner de la profondeur à un refus, sera déterminante pour les relations familiales présentes et futures mais aussi pour le développement libidinal de l'enfant. D'autant que, parmi les demandes parentales, l'apprentissage de la propreté prend une place importante. La propreté sphinctérienne n'est pas le souci de l'enfant mais bien celui du parent. Toutefois la zone anale dans ce deuxième temps de cette petite enfance, va permettre à l'enfant *de jouer* à la rétention de ses selles, d'autant que son développement neuromusculaire le lui permet. Cette période de l'enfance est un nouveau pas dans la vie libidinale qui se complexifie pour l'enfant. La conquête de la discipline sphinctérienne s'accompagne d'enjeux relationnels et affectifs que l'enfant aime à dominer dans un rapport où le pouvoir affectif sur son parent est non négligeable. L'amour comme gain ou otage est au cœur du vécu de l'enfant. Une fois encore le rôle du parent est essentiel.

« La sexualité ne commence pas avec la puberté mais avec les mauvaises habitudes des enfants. Ces mauvaises habitudes comme on les appelle à tort, sont les manifestations de l'auto-érotisme », déclare Sandor Ferenczi en 1927[1] notant le besoin de considérer les parents « avec tact » dans la croissance sexuelle de l'enfant.

LA DEUXIÈME PHASE DE LA PETITE ENFANCE : 3 À 6 ANS

Cette période est marquée par deux événements majeurs : la capacité à supporter la frustration et la découverte de son identité sexuée, avec la question de la castration qui doit être comprise dans le processus de la croissance de l'enfant : *la castration est un renoncement à... pour aller vers...* Il y a une dynamique dans ce processus psychique, contrairement à la frustration qui est une fixation sur un désir et un refus d'aller de l'avant.

L'expérience de la vie multiplie les occasions de refus des parents pour que l'enfant fasse ce dont il a envie et comme il en a envie. L'enfant le ressent douloureusement, craint de ne pas être aimé quand il constate qu'il a déçu ses parents. Ce n'est que petit à petit qu'il supportera leurs exigences, à condition qu'il ne perde jamais leur amour, leur attention, leur présence. Il cède donc sous leur autorité car il a besoin à chaque instant de l'adulte et il craint de les perdre. Pour s'aider dans cette période houleuse de sa croissance, l'enfant va utiliser bon nombre de jeux dits symboliques. Faire du lien est le propre de l'activité de symbolisation. Relier un affect avec sa représentation est une activité dominante et indispensable. L'occasion de rappeler que l'enfant a autant besoin de jouer que d'apprendre et ce jusque tard dans sa vie d'enfant. Dans ces jeux ou activités affectifs, l'enfant dirige ses affects sur des objets et s'exprime par des comportements d'identification et de projection. Les animaux, les phobies représentent l'adulte à qui il a retiré son investissement libidinal agressif pour le

---

1. Exposé du 13 juin 1927 à Londres à la séance commune des sections de médecine et de pédagogie de la Société britannique de psychologie, *in* Ferenczi S., *L'Enfant dans l'adulte*, Paris, Petite Bibliothèque Payot, 1982.

projeter sur son remplaçant, l'animal redouté ou une peur imaginaire (la phobie). Petit à petit les jeux prennent une allure plus distancée.

Jouer à sauter dans une flaque d'eau est emblématique de la compréhension des règles par l'enfant et de son désir irrépressible de les transgresser. Dans cette action de transgression s'exprime avant tout l'intériorisation de la règle parentale. L'enfant qui désobéit sait que c'est défendu. D'ailleurs, la colère parentale et le rire ou le sourire de l'enfant en retour sont la preuve que chacun connaît sa juste place. Les parents disent souvent : « Il se fiche de moi. » C'est en partie vrai et en partie faux. Vrai, car l'enfant montre qu'il sait ce que vous attendez de lui et fait le contraire. Faux, car il expérimente son propre rapport aux limites en les transgressant. La pensée de l'enfant à l'origine d'une expérience qui contrarie le parent indique si *oui ou non* il a *intériorisé* les limites posées par l'autorité parentale. *Intérioriser*, c'est garder en soi la voix du parent qui, par les limites qu'il pose à son enfant, lui transmet avant tout son désir qu'il prenne soin de lui. L'interdit que pose un parent est appelé, en termes psychanalytiques, la *fonction surmoïque*. Celle-ci contient l'enfant et le socialise. Quand il sera plus grand, il aura intériorisé l'idée que tout n'est pas permis, et il se limitera lui-même. Sa propre fonction surmoïque prendra le relais. Le Surmoi contient le Moi et l'expression de la libido de l'enfant, son réservoir pulsionnel. On évoque souvent, dans les ouvrages de psychanalyse, le *Moi*, le *Surmoi* et le *Ça*, ces trois instances indissociables qui s'affrontent et s'entremêlent au cours de la croissance de l'enfant et qui seront à l'œuvre tout au long de sa vie. Les enfants qui ont grandi adorent les jeux dont ils peuvent fixer eux-mêmes les règles. Imposer à l'adulte des règles qu'ils ont définies est pour eux un véritable délice. *Jouer au Surmoi* est un vrai bonheur pour l'enfant. L'enfant grand et l'adolescent doivent pouvoir, tout en continuant à recevoir des limites de leurs parents, se limiter aussi eux-mêmes et accepter de ne pas tout avoir, de ne pas tout faire.

« Ciel, j'ai un sexe ! », pourrait être la deuxième grande découverte de l'enfant dans ce temps de la croissance enfantine. Découvrir qu'il n'est pas un simple enfant, mais un enfant *avec un sexe* n'est pas une nouvelle sans importance. Il le savait, certes, mais il n'en avait pas pris conscience, jusqu'au jour où il se rend compte que, autour de lui, *il y en a plein qui sont comme lui, et des tas qui ne sont pas pareils !* Il se met à observer différemment, cherche à s'imposer dans les relations familiales, craignant que quelque chose lui échappe. Toutes les démonstrations affectives prennent une coloration nouvelle et lui-même se met à aimer ses parents autrement. La prise de conscience de l'existence d'une identité sexuée change l'enfant. Sa curiosité est plus vaste, ses relations affectives deviennent complexes en même temps qu'elles se différencient. Selon son appartenance sexuelle, il quête l'attention du parent de sexe opposé et s'identifie au parent du même sexe.

L'entrée dans cette période dite œdipienne ne se résume pas à des comportements de rivalité et de séduction. C'est une richesse d'investissements libidinaux à prendre en compte et que l'enfant aime explorer dans des activités ludiques nouvelles, des activités de *faire semblant*. L'enfant poursuit ainsi avec des enfants de son âge, les questions qui tournent autour de la sexualité. Alors attention : deux enfants qui jouent *au docteur* ou *au papa et à la maman* ne sont pas en train de s'abuser mutuellement. Apprenons à distinguer ce qui est de l'ordre du jeu et de la découverte consentie, et ce qui relève de l'abus, voire du jeu forcé. Dans une situation où un enfant subit l'autre enfant et sa curiosité, l'adulte doit poser les limites que l'un des enfants n'a pas su poser. Il doit pouvoir lui dire que, si ces questions l'intéressent, on peut en parler avec un livre qui explique le corps des filles et des garçons, mais qu'on ne peut pas déshabiller son copain ou sa copine et le (la) toucher. Que si cela se reproduit, il sera sévèrement grondé. Ensuite, c'est à l'adulte d'aider les enfants à passer à autre chose et à déplacer leur curiosité sur d'autres sources d'intérêt. Il est nécessaire que l'enfant entende que ce n'est pas sa curiosité qui est blâmée et limitée, mais son mode d'agir pour la satisfaire.

Les interrogations sexuelles d'un enfant sont à l'origine de toutes les autres formes de curiosité et elles l'éveillent à une foule de choses : la notion de différence et donc celle de ressemblance, les liens qu'entretiennent les êtres entre eux et avec les objets qui les entourent, les agissements des humains, la compréhension du monde en mouvement, à commencer par le monde familial. Découvrir à 3 ans la différence des sexes est un moment unique et fondateur de bien des engagements dans la vie. Cette découverte autorisera et facilitera des compréhensions futures, et elle ne cessera d'alimenter la pensée de l'enfant tout au long de sa croissance ainsi que dans sa vie d'adulte.

La curiosité sexuelle est donc à l'origine de la curiosité de l'enfant. Et plus tard de son besoin d'accéder à des savoirs toujours nouveaux. Là est la quête libidinale sublimée qui investit l'apprentissage. Elle commence par les « pourquoi ? » et l'enfant n'écoute pas la réponse puisqu'il tente d'élucider le mystère de la sexualité, se poursuit par les « à quoi ça sert ? » qui lui permettent de se détacher de l'intérêt exclusif des choses par rapport à lui-même. Nous voyons à l'œuvre la base affective de l'intérêt de plus en plus grand qu'il va porter à apprendre et à connaître, et donc la valorisation du « savoir ».

Accompagner l'enfant tout au long de sa vie affective, c'est pouvoir préserver cette curiosité fondatrice de son futur et l'accepter. C'est reconnaître que l'affectivité contient les pulsions libidinales. L'éducation sexuelle ne peut se faire qu'à partir des préoccupations libidinales des enfants et être adaptée à chaque âge de sa vie. Mais cette éducation ne peut pas prendre un caractère trop pédagogique. Une fois encore Sandor Ferenczi[1] se pose en précurseur en rappelant que l'enfant s'intéresse bien entendu à la physiologie, à la différence des sexes, aux questions de la reproduction. Mais, ajoute-t-il : « Il désire de façon beaucoup plus pressante, de la part des parents et des éducateurs, l'aveu que l'organe génital a une fonction libidinale. Tant que les parents n'ont pas fait cet aveu, leurs explications ne satisferont pas l'enfant... Tant que la fonction érotique ou voluptueuse n'est pas reconnue, il existera toujours un fossé entre vous et votre enfant, et vous resterez à ses yeux un idéal inaccessible. » Nous pourrions dire à la suite de Ferenczi que ce que veut l'enfant, ce n'est pas entendre des informations concrètes sur la sexualité mais quelque chose sur le plaisir, la curiosité qui anime celui-ci. Il a envie qu'on lui raconte la sexualité et les relations qui l'accompagnent. Il ne veut pas d'une question de cours.

Cette question reviendra à l'adolescence dans cette scissure que l'enfant ressent à nouveau entre lui et son parent, sur cette

1. Exposé de juin 1927 « L'adaptation de la famille à l'enfant », *in* Ferenczi S., *L'Enfant dans l'adulte*, *op. cit.*

dimension « inaccessible » qui se révèle autour de la question de la sexualité, cette part compliquée à raconter pour les parents car trop proche de leur propre sexualité.

La grande enfance de 7 à 12 ans

Cette période est vue par tous les grands spécialistes de l'enfance, comme une période calme où l'enfant a réglé un certain nombre de questions existentielles. Il est vrai que l'enfant déplace son énergie libidinale de la rivalité œdipienne vers des victoires autres telles que la réussite scolaire, les nouvelles amitiés, les investissements sociaux, les activités sportives, artistiques, ludiques. Les facultés de sublimation entrent en jeu et l'enfant est dans une période de curiosité et d'ouverture qui facilite sa vie relationnelle. La sublimation est une transformation des pulsions sexuelles vers des activités ou des buts non sexuels. Les sublimations sont des mécanismes de défense névrotiques adaptés et fort utiles pour grandir.

À cet âge particulier, nous ne pouvons pas dire qu'il n'y a pas d'enjeux psychoaffectifs, mais le plus dur est passé d'un point de vue psychique. La prédisposition à la possibilité de sublimations intellectuelles est en étroite relation avec la construction affective de l'enfant. L'intérêt intellectuel découle de la pulsion libidinale et demande que l'enfant tolère psychiquement cette pulsion. Si un enfant a été trop freiné dans ses découvertes enfantines de la première et deuxième enfance, si le surmoi parental a été trop exigeant ou trop brimant, il risque en effet de mettre en place des comportements d'inhibition face à l'ensemble du processus d'apprentissage.

Le rapport à la curiosité, nous l'avons vu dès la première partie de la petite enfance, repose sur une autorisation à s'éveiller à l'environnement et à jouir de la vie par des moyens libidinaux. En grandissant, l'enfant de 7, 8 ans et plus, qui a liquidé son complexe d'Œdipe, est libre de penser autrement. Sa pensée est caractérisée par le bon sens et l'objectivité. L'enfant observe et sa pensée rationnelle lui permet d'apprécier toute chose et tout vécu affectif avec plus de distance et à sa juste valeur.

À cette période de la vie, il aime expérimenter ses facultés physiques, intellectuelles et psychiques. Il est ouvert à toute nouveauté et d'ailleurs l'enfant de cet âge est reconnu pour être toujours dans une dynamique de découverte. Il est partant pour aller se promener, visiter, voir des choses nouvelles, aller à la rencontre de nouvelles amitiés.

Les garçons et les filles se regroupent selon leur appartenance sexuelle et on voit des groupes se former, s'observer, se maintenir parfois à distance ou au contraire se retrouver dans des activités communes. Les enfants durant la période de latence sexualisent particulièrement leurs comportements. Bien entendu, des exceptions existent mais très généralement les garçons recherchent des activités entre garçons, plus physiques, pendant que les filles organisent des groupes de filles qui observent, bavardent. Ces caricatures peuvent énerver les adultes avides aujourd'hui d'effacer la différence des sexes, mais ce n'est pas la préoccupation des enfants, bien au contraire. Leur point commun : scruter cette différence qui les questionne et les intrigue. Les enfants entre 7 et 12 ans rient de leurs différences sexuelles, parlent « des garçons » ou « des filles » comme d'une unité. Dans cette forme d'approche de la sexualité de l'autre, ils se préparent ensemble aux relations futures qui seront animées d'émois plus démonstratifs.

C'est un âge intéressant pour dialoguer sur ce qu'ils vivent et ressentent et les préparer à leur avenir d'adolescents et à leur puberté future. Au regard de ces fonctionnements enfantins, nous devrions nous demander si l'éducation à la vie affective et relationnelle doit toujours se faire en groupes mixtes. Ne devrions-nous pas penser des temps ensemble et des temps séparés pour aborder les questions que soulèvent l'intimité *d'être une fille* et celles qui concernent l'intimité *d'être un garçon* ? Sur les traces de Ferenczi, nous pourrions aussi tenter une approche qui pense l'éducation sexuelle non pas sur un mode informatif, descriptif, physiologique mais sur une approche globale que nous pourrions dire *plus libidinale* pour intégrer la dimension affective et émotionnelle.

L'adolescence

Les âges qui évoquent le temps de l'adolescence diffèrent beaucoup d'un auteur à l'autre, d'une recherche à l'autre. Nous pouvons tenter une harmonisation en rappelant que l'adolescence est un processus, un mouvement psychique vers un état d'être nouveau. La puberté, souvent confondue avec le concept d'adolescence, est un phénomène physiologique, alors que l'adolescence correspond à l'intégration des changements physiques sur un plan psychique. Bien entendu, la puberté marque généralement un ancrage somatique de l'adolescence. Mais il existe parfois une forme de temps de latence entre l'arrivée de la puberté et les mouvements psychiques de l'adolescence.

La minorité, quant à elle, est limitée clairement dans le temps. Toutefois l'adolescence majeure existe et n'est pas sans poser aussi bon nombre de questions.

Si une image métaphorique peut représenter le temps de l'adolescence, c'est bien celle du *vertige*. L'enfant change certes, mais tout change autour de lui. Le monde tourne, tout s'éloigne et lui-même s'éloigne de ses propres repères. C'est une expérience « psychotisante » dans le sens où il perd une réalité jusque-là familière. Plusieurs temps de la vie donnent ce sentiment : la naissance, l'adolescence, l'accouchement. C'est tellement bouleversant que l'adolescent tente d'expulser ce qu'il vit, ce qu'il ressent, ce qu'il voit. Il nie ses changements et a tendance à accuser les autres de changement. Son déni est, telle une protection, le plus souvent interprété socialement comme une forme de mauvaise foi.

L'expulsion de l'autre se réalise en général sur un mode violent. Violent est l'adolescent ou plus exactement il est pulsionnel. Il a la réaction vive, et se défend immédiatement des mots, des gestes, des pensées, des fantasmes le concernant en particulier ceux de ses parents, plus sujets à atteindre son intégrité. On attaque dans ce moment de la vie, ceux qu'on aime. Mais, dans ces réactions pulsionnelles, il y a une demande implicite. L'adolescent implore un espace d'autonomie, de confiance et de distance pour pouvoir grandir. En même temps, il espère secrètement que ses parents ne seront jamais trop loin de lui et pourront être là en cas de coup dur. La croissance n'est pas un long fleuve tranquille, la vie ne l'est pas non plus. Les défis se succèdent et l'adolescent oscille entre son envie de mordre la vie à pleines dents et celle de la détruire, de l'attaquer autant qu'elle l'attaque lui-même.

LA PUBERTÉ DÉPOSSÈDE L'ADOLESCENT DE SON CORPS

Avec la puberté, l'adolescent perd son corps d'enfant et avec lui tous ses repères. Il devient étranger à lui-même. Pour la fille, comme pour le garçon, le corps est un traître et dévoile la sexualisation du corps pubère. Le corps devient impudique et, pour s'en défendre, l'adolescent accentue les comportements de pudeur. Il est envahi de sentiments de honte face à ce corps trop grand, trop maigre, trop gros, maladroit. Sans compter l'apparition des seins pour les filles, la gestion de ses cycles, le système pileux pour les garçons, la verge qui grossit, avec cette voix qui déraille. L'adolescent ne cesse de l'examiner, hanté par l'idée que demain encore un nouveau changement va se produire. Il hait ce corps qui le trahit en se mettant à exhiber un être qu'il n'est pas. Impossible dans un premier temps de se le réapproprier, tant les changements sont intenses. La puberté s'invite presque du jour au lendemain. Avec ces transformations corporelles, tout se modifie : la façon de se vivre, de ressentir son environnement, ses relations amicales, affectives, familiales.

Le corps psychique suit le corps physique

Cette puberté provoque comme une scission intérieure et le jeune adolescent se trouve pris entre un sentiment de soi et un corps qui ne correspond plus à celui-ci. Ses assises narcissiques, affectives, sa sécurité intérieure, tout semble lui échapper. Qui est-il ? Il ne le sait plus. Il se vit autrement et devient autre. Un étranger à l'intérieur de lui-même. Ce qu'il aimait jusque-là – les relations familiales, les contacts corporels avec ses parents, une proximité qu'il recherchait –, il se met à le détester. Il veut prendre ses distances avec ce qui devient soudainement son passé, son enfance d'hier. Mais cela implique de prendre appui sur des ressources internes qui justement paraissent particulièrement affaiblies.

L'adolescent est dans une quête d'autonomie et en même temps il la redoute à l'extrême. Il perd son objectivité et se sent attaqué à la moindre réflexion. Il ne sait plus vraiment si ses parents lui veulent du bien et s'ils sont prêts à l'aimer encore maintenant qu'il est autre. Pour s'en assurer, il est capable de se rendre détestable. Pour voir ! Voir jusqu'où ce lien tient. Jusqu'où il est aimé. Il a le sentiment qu'il va devoir faire ses preuves, devoir prouver qu'il reste le fils ou la fille de la famille, qu'il est toujours un prolongement narcissique de son parent. L'adolescent se met à l'épreuve psychiquement tout en mettant à l'épreuve le lien filial et parental. L'héritage familial, la malléabilité psychique du parent vont être particulièrement sollicités lors de cette période.

Son insécurité interne est telle qu'il ne supporte plus rien. Il se sent menacé aussi bien par le manque d'intérêt de ses parents que par leurs attentions ressenties alors comme des intrusions. Ils sont toujours dans le trop – « trop près, trop loin » ; l'insatisfaction domine et il ne sait plus ce qu'il veut. La crainte de la désorganisation interne et de la perte de soi met l'adolescent dans un état de mal-être qu'il tente courageusement de contenir avec plus ou moins de succès.

Parce qu'il a un nouveau corps, de nouveaux centres d'intérêt et des désirs sexuels qui le rapprochent dangereusement du vécu de ses parents, l'adolescent a peur de les décevoir et donc de les perdre.

L'adolescent a soif de confiance, de reconnaissance, d'amour. Il attend que l'amour de ses parents reste égal et en même temps tempéré dans ses démonstrations. Il attend qu'ils gardent leurs distances tout en lui conservant une attention intense. Quand il se sent compris dans ses besoins paradoxaux et contradictoires, il peut s'épanouir et révéler ses potentialités tout en mettant à l'épreuve ses capacités à prendre soin de lui.

Le sexuel le rapproche de ses parents : il faut donc les fuir

Le parent veut l'ignorer et le sujet est tabou mais la sexualisation du corps de l'enfant sexualise les liens. La mère est plus vue comme une femme et le père comme un homme. Le couple n'est pas seulement un couple de parents entièrement tourné vers l'enfant ; sa vie sexuelle est une évidence criante qui indispose l'adolescent.

Quoi de plus inquiétant pour l'enfant qui ne trouve plus le juste corps à corps avec son parent ? Cela le rend triste, énervé, inquiet et il ne sait plus comment parler à l'un et à l'autre. Cette distance ne traduit pas un manque d'amour ni un rejet du parent : elle indique plutôt un espace nécessaire pour trouver des gestes nouveaux pour exprimer son affection filiale. De même, alors que l'enfant aimait parler de tout avec ses parents, il devient silencieux et fuit toute discussion ; les parents en sont peinés, ce qui est bien compréhensible. Pourtant, cette attitude n'a rien à voir avec un manque de confiance ou le désir de cacher des choses. Mais les préoccupations sexuelles et affectives peuvent difficilement faire l'objet d'échanges avec le parent. La pudeur a pris le pas et, pour l'heure, il y a des choses qui ne se disent plus.

Un jour, une mère qui vient d'apprendre que sa fille est enceinte de quatre mois s'effondre dans le bureau de consultation. « Mais nous nous entendons très bien. Je lui fais confiance et elle sait que je serai là pour l'aider. » La jeune fille découvrant sa grossesse n'avait pas osé en parler et c'est par hasard que sa mère la découvre. Envahie par des sentiments de honte et de faute, elle a craint de perdre l'estime de sa mère tout en redoutant la peine qu'elle allait lui faire éprouver. Elle n'a pas trouvé les mots, craignant trop de rompre leur relation. Elle voulait à tout prix rester la petite fille adulée et admirée par sa mère et garder intacte leur entente mère/fille.

Le parent du même sexe que l'adolescent a un rôle essentiel. Il est celui qui « a déjà passé le cap ». Il est un passeur. Il est celui qui est à même de comprendre la violence que vit son enfant à l'intérieur de lui. Il doit pouvoir accompagner les mouvements de rejet et de fuite et ne pas se sentir attaqué lui-même.

Que l'enfant aille demander de l'aide ailleurs, qu'il cherche une autre oreille n'est en rien un manque de respect ou de confiance. Il a besoin de distance pour revenir vers celui qui a le plus d'importance à ses yeux : son parent.

C'est la raison pour laquelle l'adolescent a souvent besoin d'un tiers adulte pour exprimer avec lui ce que la proximité affective ne permet pas de faire avec le parent. L'adulte est alors un tiers bienveillant qui peut conseiller, informer, aider, accompagner dans une neutralité affective dont l'adolescent a besoin. La neutralité garde bien entendu toute sa dimension transférentielle et contre-transférentielle, inhérente aux relations humaines, mais les affects en jeu sont distancés et surtout ne touchent pas à l'estime de soi, à la question narcissique familiale.

La question de la sexualité chez l'adolescent

Pendant que tout le monde fantasme sur la sexualité de l'adolescent, lui se terre dans le silence et observe. Si ses désirs l'envahissent, il n'en dit rien, surtout pas à ceux qu'il aime, ses parents. Il se sent pris dans le doute, l'incertitude et n'ose pas s'engager plus avant dans une relation qui risquerait de l'attirer justement là où il ne souhaite pas aller. Car, pour l'adolescent, la sexualité n'est pas seulement un acte mais un engagement et il craint tout ce qui rend dépendant. Dans sa quête intense d'autonomie, il sent cette contradiction intérieure, « à vous rendre fou », d'être attiré par une relation affective et possiblement sexuelle – donc une relation de dépendance – et en même temps son besoin intense de se dégager de toute dépendance, notamment celle qu'il vit de façon particulièrement forte avec ses parents quand ce n'est pas sur un mode conflictuel. Son identité naissante tourne autour de la sexualité avec ses risques identitaires et affectifs majeurs.

L'adolescent est inévitablement attiré par un autre que soi, le plus souvent de sexe opposé avec le constat puissant de sa propre insuffisance et de ses manques. Les amitiés solides avec des jeunes du même sexe sont parfois interprétées comme une homosexualité naissante. Dans certains cas, cela se révèle vrai. Pour d'autres, il s'agit avant tout de prendre appui sur son semblable. L'homosexualité, si elle se développe, s'affirmera au fil du temps dans des choix d'un partenaire exclusivement du même sexe.

L'activité sexuelle demande un minimum de confiance en soi, en l'autre et une capacité de se laisser aller. Il faut renoncer à tout maîtriser pour pouvoir vivre un moment de sexualité. Il est indispensable d'accepter l'inconnu mais aussi ses propres faiblesses et maladresses pour que le plaisir de partager et d'expérimenter ensemble se réalise. Et c'est bien de plaisir dont il est question. Plaisir de vivre une sexualité. Plaisir de pouvoir l'assumer. L'entrée dans la sexualité à deux est un défi à l'intérieur même du défi de l'adolescence. Si les jeunes aiment parader, faire les fiers et proférer des allusions à connotations sexuelles, voire des propos sexistes, ils n'en demeurent pas moins terriblement inquiets. Les garçons tout autant que les filles. *Parler de sexe,* s'en moquer, le diffamer ou le vulgariser permettent de s'en défendre. Il faut toute la patience d'adultes bienveillants et qui savent poser autorité et douceur sur ces questions pour que les jeunes, tout en gardant un semblant de posture de maîtrise, entendent quelque chose de différent sur ce moment d'intimité et de relâchement. La peur peut faire dire tout et n'importe quoi.

Le corps fécond

Mais pourquoi nos filles tombent-elles enceintes ? Et pourquoi les garçons mettent-ils les filles enceintes ? Nous avons le sentiment qu'elles/ils sont informés, qu'elles/ils ont mille moyens d'éviter ce que nous ne pouvions pas éviter autrefois. Alors pourquoi tant d'interruptions volontaires de grossesse après des décennies de planning familial, de maisons d'adolescents, de centres de planification ? Ces questions soulèvent celles de la sexualité, de la fécondité et de la pensée magique des enfants qui semblent encore à l'œuvre à l'adolescence.

Les transformations pubertaires modifient la sexualité qui passe d'une sexualité infantile à une sexualité adulte avec la possibilité de procréer. Cette possibilité est un changement majeur dans la vie d'un être humain et elle se produit presque du jour au lendemain. On devient pubère et fertile en un instant. Quel défi une fois encore ! Et quel travail pour l'adolescent pour *piloter* ce nouveau corps qui le plus souvent lui échappe.

L'adolescent ne prémédite pas le début de son activité sexuelle. Il en rêve mais ne la pense pas réelle. La sexualité va surgir, s'imposer à lui et le/la mettre éventuellement face à une réalité inattendue, qu'il ne souhaitait pas, ne voulait pas totalement. Il y a souvent beaucoup de déception dans la réalisation de la sexualité, qui justement est loin de celle rêvée. Si les jeunes, en particulier les garçons plus fragiles dans une virilité qu'ils associent à la puissance (puissance sexuelle où l'érection est une représentation forte), évoquent leurs exploits entre eux sur le mode de la fanfaronnade, dans leur for intérieur c'est plus souvent le doute et une faible estime de soi qui dominent. Quant à la jeune fille qui se pensait consentante, elle évoque souvent en consultation le moment où elle a été débordée et ce qui s'est passé, dit-elle, « ce n'est pas ce qu'elle voulait ». Le plus souvent elle vient demander une pilule du lendemain, évoque sa peur de la grossesse et révèle indirectement à l'interlocuteur professionnel son manque de connaissance sur la contraception. Par exemple, il n'est pas rare qu'une adolescente arrête sa contraception quand elle vient de rompre avec son petit ami : « Je n'en ai plus besoin », affirme-t-elle alors, refusant de se projeter dans une autre rencontre qui, immanquablement, arrive et la surprend sans aucune contraception. Survient le rapport non protégé. Il arrive malheureusement souvent qu'elle vienne pour une IVG suite à cet acte semi-consenti.

La sexualité ne se résume pas à une activité génitale. La sexualité englobe non seulement les activités qui tournent autour de l'appareil génital, mais aussi les affects qui leur sont associés. Ainsi, quand le jeune adolescent se trouve avec un corps sexué, mature et fécond, il est en effet capable d'avoir une activité proprement sexuelle. Mais la vie affective qui l'accompagne et la maturité psychoaffective que demande cette activité sont plus longues à obtenir. Le travail d'élaboration psychique qui accompagne la maturité du corps devenu fécond, est un cheminement complexe. D'où ces moments ratés de sexualité des jeunes, ces jeunes filles débordées, ces jeunes hommes qui ne prennent pas toujours la mesure des conséquences de leurs actes. Face à la grossesse non désirée, les jeunes filles et les jeunes garçons ne sont pas à égalité. Cette différence se fait cruellement ressentir dans la fréquentation des centres d'information à la sexualité pour les jeunes. Les jeunes filles ont une obligation à la maturité et doivent absolument mûrir psychiquement très vite, si elles ne veulent pas se retrouver régulièrement dans la situation d'être enceintes sans l'avoir désiré. Pour Nino Rizzo[1], il serait plus juste de parler de « psychosexualité » pour associer la maturité sexuelle et affective.

La montée des passages à l'acte

Le psychisme est merveilleux quand il est fort, équilibré et capable de tenir face aux tourments de la vie. Il peut être terrible, destructeur, incontrôlable quand il est fragile, perdu, quand il se sent attaqué. Le psychisme, c'est nos affects, notre vie intime, nos pensées, nos fantasmes, nos désirs. Les jeunes adolescents sont bombardés de pensées nouvelles, de désirs inattendus, de fantasmes en tous genres. Notre société qui les porte, telle une bonne mère, a libéré la sexualité. Qui dit libérée, dit autorisée. La femme en particulier a obtenu d'être libre de disposer de son corps et de ses désirs. Mais encore aujourd'hui bien des hommes pensent que la femme libérée n'est pas une femme qui choisit – par exemple son partenaire – mais une femme disponible pour les partenaires qui la désirent. Si elle est libre, elle est libre d'être consommée. Comme si cette libération de la sexualité pour la femme contenait une forme d'autorisation d'abus par l'homme. Ce propos peut choquer mais il mérite que nous nous y arrêtions pour réfléchir aux images, comportements, paroles que nos adolescents reçoivent de la part de la communauté des adultes.

Ce sujet est d'autant plus important que les adolescents aujourd'hui sont de moins en moins portés sur le sexe dans sa dimension psychosexuelle, mais sont de plus en plus dans des comportements de passage à l'acte, pour vivre le sexe. Il y a là quelque chose relevant d'une consommation sur un mode presque phobique qui les conduit à se précipiter dans la sexualité. Comme on a peur tout seul, on vient en groupe : tournantes, viols collectifs, abus de jeunes filles pour les garçons, comportements aguicheurs excessifs et paris d'avoir de nombreux partenaires pour les filles. Les jeunes vivent la sexualité comme un challenge et fabriquent leurs propres rites de passage. Ces rites

1. Rizzo N., *Adolescents et parents : chacun sa crise*, 2009, non édité.

sont violents, inappropriés, non encadrés par les adultes dont le rôle est de les protéger y compris d'eux-mêmes. La pornographie qui se démocratise accentue ces phénomènes et donne une image violente de la rencontre homme/femme sur le plan sexuel. Les jeunes finissent par imaginer que la sexualité, c'est ce qui est joué dans ces images, d'autant que ce sont des adultes qui pratiquent cette sexualité exhibée. Sans repères, ils tentent leurs propres accès à la vie d'adulte sexué comme ils peuvent, ou avec des repères tronqués. Leurs parents le déplorent mais ils sont débordés et ont lâché prise sur ces questions. Non pas qu'ils démissionnent mais ils n'arrivent plus à transmettre des valeurs autour de la sexualité. Ils craignent de paraître ringards, se taisent et agissent en silence. Par exemple, pour éviter les films pornographiques, ils utilisent les interdictions parentales qui verrouillent les chaînes, s'arrangent pour contrôler Internet et les « tchats ». Tout cela est nécessaire mais pas suffisant. Quand un parent interdit quelque chose, il doit prendre le risque de la parole et pas simplement être dans l'agir. Il doit s'expliquer pour que la communication ne soit pas rompue. Sinon c'est le jeu du chat et de la souris. Le parent interdit et le jeune cherche les points de transgression. Le tout sans un mot. Il y a là un risque majeur de déshumanisation sur ces questions d'intimité, de sexualité, d'affectivité. Nous ne devons pas laisser les jeunes face à ces images, ces propos, ces comportements, ces consommations visuelles sans en dire quelque chose. L'absence de mots est mortifère.

Le parent de l'adolescent d'aujourd'hui est très autocentré sur des questions qui lui sont propres, des questions liées également à l'âge du milieu de la vie. Or les adolescents ont un besoin vital qu'on les pense pour s'engager en posant des actes de maturité et non pas des passages à l'acte le plus souvent destructeurs. La différence entre poser un acte et passer à l'acte repose sur la pensée. Quand on pense, on pense son acte à venir, on le réfléchit et l'intelligence est au service de l'action future. Quand on passe à l'acte, on annule toute pensée, seul l'agir occupe l'espace. Le comportement est alors hors de toute raison.

Les comportements sexuels des jeunes montrent que trop souvent ils se réalisent dans des passages à l'acte et détruisent des vies psychiques. Le jeune qui abuse ou le jeune qui est abusé ne sort pas indemne de ce passage à l'acte. Et la sexualité imposée ou mal vécue laisse des traces indélébiles d'un point de vue psycho-affectif.

C'est alors que nous pouvons mesurer à quel point le temps de l'adolescence est un temps vulnérable qui a besoin d'être soutenu, même à distance, par des regards et des paroles d'adultes qui prendront une place de tiers protecteur. D'ailleurs, les adolescents aiment savoir que le monde des adultes se préoccupe d'eux. S'ils demandent aux adultes une distance nécessaire, n'oublions pas qu'ils redoutent les mouvements abandonniques, ces temps où le parent épuisé ou découragé est prêt à le laisser tomber. Parents et professionnels dans des places différentes viennent signifier que ce monde adulte tient à être à leurs côtés tout en respectant leur besoin d'autonomie.

CHAPITRE 2

IDENTIFIER LES ORIGINES DES GROSSESSES NON DÉSIRÉES

Les grossesses non souhaitées chez les jeunes ont des origines multifactorielles et chaque jeune femme peut, à un moment ou à un autre de sa vie, être confrontée à une grossesse non souhaitée et ce d'autant plus qu'elle se trouve en début de vie sexuelle. On peut dire que les conceptions chez les mineures ont diminué mais que, heureusement, lorsqu'elles sont enceintes de manière imprévue, elles ont plus facilement recours à l'IVG qu'autrefois. En quelque sorte, la diminution notable des grossesses menées à terme pendant l'adolescence est assez largement due à la possibilité mieux connue et plus accessible de l'IVG qui a perdu, chez les jeunes, sa connotation honteuse et risquée.

En revanche, les jeunes filles surestiment largement certains risques de la contraception hormonale, en particulier les risques de stérilité ultérieure ou de cancer et sont peu nombreuses à connaître ses effets positifs sur la santé. Il y a donc un rejet de la « pilule » sur la base de connaissances imprécises, voire erronées, qui accroît le risque de grossesse non désirée, en particulier par l'utilisation de moyens peu efficaces de contraception.

Si l'IVG de la femme adulte cache souvent une ambiguïté face à la reproduction et un désir inconscient de grossesse, voire un accident de contraception, en revanche, l'IVG de la femme jeune recouvre plus souvent un manque de connaissances qui est confirmé par de nombreuses enquêtes.

Un bon tiers des grossesses non souhaitées sont liées aux conduites à risque fréquentes chez les jeunes et les adolescents. La prévention, en la matière, est difficile à mettre en œuvre en dehors de l'éducation parentale : même quand les limites ont été posées en temps et en heure avec une suffisante fermeté, l'adolescent peut éprouver le besoin de les trouver lui-même, souvent en s'exposant à l'intangible réalité des événements qui rend la négociation impossible.

Mais, en dehors des conduites à risque, beaucoup de grossesses non souhaitées trouvent leur origine dans des mécanismes où la prévention peut avoir une efficacité certaine comme en attestent les résultats enregistrés par les pays qui ont saisi à bras-le-corps cette question. Les causes amendables des grossesses non souhaitées sont nombreuses et leur liste n'est probablement pas exhaustive. Elles doivent toutes être prises en compte si on veut voir baisser le nombre de grossesses non souhaitées.

Les jeunes méconnaissent le fonctionnement de leur corps

Nombreux sont les documents et publications à illustrer les notions parfois indigentes qui prévalent chez les jeunes concernant leur corps. La plupart n'ont aucune notion de ce qu'est la fécondité. Ou plutôt des notions fausses : « On n'est féconde qu'au quatorzième jour » ; la période de menstruation est considérée comme sans danger du point de vue de la fertilité, les premiers rapports sont considérés comme non fécondants, des rapports incomplets leur paraissent une assurance antigrossesse ; et, *last but not least*, la toilette vaginale postcoïtale déjà prisée de nos grands-mères, est toujours à l'honneur. Il faut d'ailleurs reconnaître que les interventions en milieu scolaire ne doivent pas se substituer de ce point de vue à l'enseignement des professeurs de sciences et vie de la terre mais compléter leur travail souvent bien ingrat. De plus, les livres scolaires mériteraient de ce point de vue une véritable refonte.

Les jeunes méconnaissent les moyens de contraception et leur efficacité

Le préservatif a été survalorisé. Or sa piètre efficacité à cet âge est inconnue des jeunes et une protection réelle vis-à-vis de la grossesse nécessite en complément une contraception médicalisée. La toute récente étude réalisée par l'institut GKF auprès de 6 000 jeunes de 15 à 24 ans dans 29 pays pour le compte de Pharma Bayer[1] montre que de plus en plus de jeunes Occidentaux ont des rapports sexuels sans prendre de précautions. La hausse est particulièrement forte en France. Se fondant sur des statistiques précédentes, l'étude montre qu'entre 2009 et 2011, la proportion de jeunes qui ont déjà eu une relation avec un nouveau partenaire sans aucune contraception est passée de 19 à 40 %. Ces chiffres restent toutefois sous la moyenne européenne (42 %). Le taux dépasse 50 % aux États-Unis, en Chine, en Estonie, au Kenya, en Corée du Sud, en Norvège et en Thaïlande.

Trop de jeunes manquent de connaissances sur la sexualité, note Jennifer Woodside de la Fédération internationale du planning familial. Pourtant 55 % des jeunes sondés en Europe et 75 % aux États-Unis ont dit avoir suivi des cours d'éducation sexuelle.

Les jeunes n'identifient pas les structures ressources

La plupart des jeunes en France ignorent l'existence des centres de planification, à l'exception peut-être des jeunes qui habitent dans les grandes villes. Comme la couverture territo-

1. « Le préservatif n'a plus la cote auprès des jeunes » (www.20 minutes.ch du 27 septembre 2011).

riale n'a simplement pas été pensée, ils sont anormalement concentrés dans les villes et presque totalement absents dans les campagnes[1].

Ignorant le secret médical, les jeunes disqualifient le médecin de famille

Les médecins traitants devraient prendre acte de cette défiance des jeunes par rapport à eux et, sans intrusion, prendre l'initiative, à point nommé, de rappeler leur obligation de secret vis-à-vis des parents.

Les jeunes n'ont pas les moyens de payer les honoraires médicaux et les contraceptifs

La gratuité et l'anonymat sont toujours réservés aux centres de planification et au planning familial. Or, depuis 2001, les cabinets libéraux sont ouverts aux jeunes, mais hélas sans gratuité ni confidentialité. Pourquoi continuer à limiter ces prescriptions gratuites et confidentielles aux seuls centres ? Des expériences limitées en région d'une extension aux médecins libéraux de ces possibilités se sont montrées, depuis des années, facilement réalisables.

---

1. Rapport IGAS *RM 2011-088P* : 30 centres pour 100 000 femmes de 15 à 49 ans en Seine-Saint-Denis contre 2,8 centres pour 100 000 femmes dans le Pas-de-Calais et 2,1 en Loire-Atlantique. Source : DRESS, enquête PMI 2009.

Les jeunes ignorent qu'ils peuvent refuser l'examen gynécologique

Dans les écoles et dans les documents écrits à l'usage des jeunes, cette information sur leur consentement indispensable avant tout examen devrait apparaître. De ce point de vue, le paternalisme médical, surtout à l'égard des jeunes, a vécu. Point de nécessité d'un examen gynécologique avant une prescription de contraception en dehors de tout symptôme. L'examen gynécologique imposé comme une sorte de rite de passage doit cesser. À cet effet, est en cours d'élaboration un document « première consultation gynécologique » qui tente de dédramatiser la consultation et informe les jeunes sur l'aspect facultatif de l'examen gynécologique (INPES l'Institut national de la prévention et de l'éducation sanitaire, la MGEN et Sparadrap[1]).

La carte Vitale des parents rompt la confidentialité

Il y a déjà des produits pharmaceutiques et des actes qui sont affranchis de l'autorisation parentale par dérogation. Il en va ainsi des produits destinés à la contraception d'urgence. Les produits destinés à l'IVG sont donnés par les pharmacies hospitalières ainsi que les traitements contre le sida qui bénéficient également de cette confidentialité. Nous proposons donc une extension de cette disposition à la contraception au long cours.

1. www.sparadrap.org: pour guider les enfants dans le monde de la santé.

Une première consultation souvent effectuée avec légèreté

Peu formés à la complexité de cette première consultation, les médecins s'en acquittent trop rapidement en rédigeant une ordonnance de contraception orale souvent mal adaptée à la situation de la jeune femme.

Les jeunes veulent se prouver qu'ils sont invulnérables

L'adolescent, qui est sans cesse soumis à une fragilité intérieure tenace et inavouable, vit inconsciemment, pour s'en défendre, dans une pensée où la toute-puissance règne en maître. On le dit alors « inconscient », car il tend vers des comportements limites, risqués, frôlant les dangers comme pour mettre en équilibre ces deux aspects de son être : ce sentiment de vulnérabilité indicible mais éprouvé dans l'intimité de son être et le sentiment opposé d'invulnérabilité qui guide ses conduites à risque. La consultation médicale a pour objectif de le responsabiliser et de lui faire prendre conscience du respect dû à son corps.

La grossesse peut être le symptôme d'un manque affectif

L'adolescent fragilisé dans ses repères affectifs est dans une quête existentielle permanente qui le pousse à chercher sans cesse une réassurance. Il veut à tout prix être aimé. Quand il est en difficulté dans ses apprentissages, il sait qu'il déçoit ses parents et le risque dans la relation parent-enfant, est que l'adolescent soit réduit à ses mauvaises notes. Mauvaises notes

= mauvais enfant = blessure narcissique parentale = rejet ou retrait affectif parental. Ce contexte est extrêmement fréquent, même dans les milieux sociaux supérieurs qui confondent parfois estime de soi et réussite sociale. La mise en route d'une grossesse vient comme l'espoir de pouvoir combler la perte affective familiale pour restaurer le narcissisme mis à mal.

Les jeunes filles désirent se prouver leur fertilité

La question de la fertilité est indissociable de la féminité et la confusion règne dans les pensées les plus intimes de chacune. Plus la jeune fille se sent fragile dans la construction de son « être féminin », plus elle risque de se mettre en situation de risque dans ses relations affectives ; peu sûre d'elle-même face aux garçons, elle a une sexualité mal assumée qui la pousse à se prouver qu'elle est une vraie femme, donc fertile. Les rapports sexuels non protégés se multiplient sans véritable désir d'enfant.

Les jeunes filles cèdent à la pression du partenaire

Les jeunes filles font très vite le lien entre sexualité et fécondité et elles connaissent les risques d'une sexualité non protégée même si leurs comportements sont parfois peu raisonnables. En effet, cette connaissance ne les rend pas plus fortes dans une relation affective intime et beaucoup « cèdent » à une relation sexuelle pour ne pas décevoir leur partenaire, pour ne pas le perdre, pour le satisfaire. Même lorsqu'il exige, pour son plaisir personnel, l'absence de préservatif. Les grossesses survenues lors de rapports sexuels sous l'emprise de l'alcool se multiplient alors que leur consentement n'est plus réel. Et elles supportent d'ailleurs, le plus souvent seules, les conséquences d'une grossesse et l'acte d'IVG.

Les causes de grossesse sont donc multiples à cette période de la vie. Elles vont de l'acte manqué, aux fausses idées sur la fécondité, de la volonté de réassurance sur sa fertilité à la réponse inappropriée aux situations d'échec scolaire. Il faut aussi tenir compte des nouveaux rythmes familiaux et des nouveaux fonctionnements conjugaux des parents des adolescents. Car si l'adolescence est un moment de crise, le parent de l'adolescent est souvent lui aussi en crise existentielle. Aujourd'hui plus qu'hier, il refait sa vie, se centre sur de nouvelles conquêtes ou un nouveau couple, fait un nouvel enfant, est préoccupé par son vieillissement et cherche à rester jeune où à le paraître tout du moins. Il est donc moins attentif à son adolescent alors que celui-ci a plus que jamais besoin de lui. Face à ce comportement affectif de son parent, l'adolescent trouve difficilement sa place. Et, nous le voyons souvent en consultation, il vit dans une liberté tout à fait inadaptée pour son âge, sa maturité, et les risques inhérents à l'adolescence. On peut comprendre aisément que, partagé entre deux lieux de vie, la prise régulière d'une contraception hormonale au quotidien puisse paraître insurmontable. Avec tout ce qu'il a déjà à gérer, un comprimé tous les jours à heure fixe, ce n'est pas gérable. « J'arrête, car de toutes les façons, je l'oublie sans cesse. » L'adolescent d'aujourd'hui, en fait, est bien plus seul qu'on ne le croit.

Tous ces éléments peuvent, si on parvient à les faire exprimer en consultation, être contrés par les arguments d'un médecin qui a su apprivoiser la jeune femme et gagner avec délicatesse sa confiance.

CHAPITRE 3

FACILITER LA CONTRACEPTION

Des contraceptifs adaptés

La contraception des jeunes est une question médicale mal connue des médecins et fort peu enseignée. Les spécificités de la première consultation seront définies au chapitre suivant, mais il paraît nécessaire d'en préciser d'emblée les contraintes. La peur de la prise d'hormones, ajoutée à certaines informations médiatiques fausses, amène les jeunes à considérer que l'absence de contraception serait une sorte d'attitude écologique souvent suggérée et validée par les parents. Il n'y a pas, de fait, de discours rassurant et positif sur la contraception. Dans les fantasmes des jeunes, elle peut entraîner prise de poids, cancer et stérilité, même si de nombreuses publications, avec un recul de près de cinquante ans de contraception œstroprogestative, attestent du contraire. Au total, la contraception hormonale serait mauvaise pour leur santé là où le tabac ou la drogue ne le seraient pas.

Il faut souligner ici, ce qui n'est malheureusement pas fait dans les médias, que la contraception œstroprogestative a de nombreux effets favorables, voire thérapeutiques, en dehors de son effet contraceptif. Elle traite l'irrégularité menstruelle et les douleurs de règles, les ménorragies et l'anémie qui en découle, les mastopathies bénignes et l'acné. Elle prévient l'endométriose et les kystes ovariens fonctionnels, voire la dystrophie ovarienne.

À long terme, elle diminue le risque de cancer de l'ovaire, du corps utérin et du côlon. On peut même suivre l'analyse de Philip Hannaford[1] qui a montré en 2010 sur une cohorte de 46 112 femmes suivies sur trente-neuf ans (soit 378 006 années femmes pour les femmes n'ayant jamais utilisé de contraception et 819 175 années femmes pour les femmes l'ayant toujours utilisée) que la contraception orale, loin de baisser l'espérance de vie, aurait même tendance à l'augmenter, par la réduction de la mortalité par cancer (0,88 avec un IC à 95 % de 0,82 à 0,93 donc une baisse de mortalité significative). La réduction de mortalité totale observée chez les femmes ayant toujours utilisé une contraception a été de 55 pour 100 000 femmes.

En dépit de cet état de fait, la parole des adultes, voire de certains médecins ou même de certains politiques, contribue à cette perception négative de la contraception hormonale. Nombre de parents estiment d'ailleurs qu'un début précoce de la contraception entraînerait une exposition trop longue aux hormones et préfèrent que leurs enfants s'abstiennent ou, qu'à tout le moins, ils se limitent aux préservatifs. Cette prudence n'est pourtant pas médicalement justifiée et expose plus encore les adolescents au risque d'IVG. Le préservatif rassure les parents car ils ne savent pas que son utilisation fragmentaire et incertaine est largement pourvoyeuse de grossesses non souhaitées dans cette tranche d'âge. Le préservatif dont on ne peut faire l'économie pour la prévention des IST s'avère être un piètre moyen contraceptif chez les jeunes et nécessite l'adjonction d'une protection contraceptive supplémentaire. L'hyperfertilité de cette tranche d'âge n'est pas franchement compatible avec l'efficience insuffisante du préservatif, irrégulièrement et mal utilisé.

Le contexte adolescent est marqué par l'irrégularité de la sexualité et des partenaires, l'imprévisibilité des rapports mais aussi par l'absence de conscience d'exposition à un risque de grossesse. La pensée magique est souvent présente dans le discours des jeunes : par exemple, les adolescentes ne peuvent expliquer pourquoi elles ont arrêté soudainement leur contra-

1. Hannaford P. CP. *et al.*, « Mortality among contraceptive pill users : Cohort evidence from Royal College of general practitioners' oral contraception study », *BMJ*, 2010, 340, p. c927.

ception alors qu'elles continuaient d'avoir des rapports sexuels. De plus, la facilité du recours à l'IVG confidentielle, loin d'être regrettable, constitue inconsciemment chez certaines toutes jeunes femmes une solution ou un recours, et participe de l'augmentation du nombre d'IVG.

On distingue en matière de contraception l'efficience et l'efficacité. On entend par efficacité la performance théorique d'un contraceptif pour éviter les grossesses. On entend par efficience l'application à une population d'un contraceptif dont on connaît au départ l'efficacité théorique.

Ainsi, la contraception orale dispose d'une efficacité théorique maximale de plus de 99 %. Mais si l'on compte les oublis et les anomalies de prise, son efficience générale n'est que de 92 % tous âges confondus. Son efficience est d'ailleurs d'autant plus basse que la fertilité est importante chez les toutes jeunes femmes et que l'observance est fragilisée par le contexte adolescent. Les arrêts intempestifs, souvent en début de contraception, sont bien connus des professionnels. Cela est confirmé par le fait que nombre de jeunes femmes qui sollicitent une IVG avaient en fait une contraception orale auparavant (plus d'un tiers d'entre elles). Il faut donc remettre en question la facilité et les modalités de prescription de la contraception orale qui est devenue la véritable norme contraceptive du fait de sa supposée simplicité. S'il est incontestable qu'elle convient à la majorité des femmes, il n'en reste pas moins que sa prescription est sans doute excessive notamment chez les jeunes. Les autres voies d'administration hormonale non quotidiennes sont de fait insuffisamment proposées, en partie du fait de leur coût et de leur plus grande complexité de prescription. Bien que l'arsenal contraceptif en France soit particulièrement riche et que la diversité des molécules et des dosages puisse apporter de nombreux bénéfices secondaires, nombre de ces contraceptifs ne sont jamais proposés aux jeunes femmes du fait de leur coût et de l'absence complète de prise en charge par les assurances. C'est le cas de toutes les innovations qui, à l'évidence, apportent un plus qu'il s'agisse de l'anneau vaginal, des patchs, ou des contraceptions orales progestatives ou à base d'œstrogènes naturels. Tant pis, elles ne seront pas disponibles pour nos plus jeunes femmes.

Deux méthodes de contraception sont totalement indépendantes de la volonté de la femme et ne permettent pas d'anomalie d'observance : le dispositif intra-utérin et l'implant sous-cutané. Ces deux méthodes imposent une consultation médicale de qualité avec un praticien formé. Plus elles sont diffusées dans une population, plus le taux de grossesses non souhaitées y est faible. On peut donc regretter que leur usage en soit si parcimonieux dans ces tranches d'âge.

Le DIU dans ces deux formes (au cuivre ou à la progestérone) est efficace pendant cinq ans. Son efficience est égale à son efficacité et se situe aux alentours de 99 %. Il a deux inconvénients :

– Il nécessite un examen gynécologique pour le poser.

– Il ne peut être proposé que lorsque la stabilité dans la vie sexuelle de la jeune femme ne l'expose plus aux risques d'infections sexuellement transmissibles.

Ces deux caractéristiques le font réserver plutôt aux femmes de plus de 20-25 ans en couple stable.

L'implant ne nécessite pas d'examen gynécologique. Son efficacité est supérieure à 99 % et ce pour trois ans mais sa pose au niveau du bras nécessite un véritable apprentissage pour que le retrait en reste facile.

Cette méthode est disponible en France depuis 2001. L'implant n'a pas d'effet néfaste métabolique ou vasculaire. En revanche, il entraîne dans 15 % des cas des saignements gynécologiques intempestifs qui peuvent être gênants et conduire à la demande de son retrait. En général, il diminue la fréquence et l'abondance des règles et, une fois sur cinq, entraîne même une absence de règles sans conséquence dommageable pour le corps. Cette aménorrhée doit être expliquée à la jeune femme avant sa survenue pour qu'elle ne s'en inquiète pas. Et d'ailleurs, nombre de jeunes filles d'aujourd'hui y voient un réel avantage.

En outre, comme toute contraception progestative pure, il peut aggraver, si elle existe, une acné de l'adolescente. L'acné constitue donc un inconvénient pour ce mode très efficace de contraception. Les autres effets négatifs de l'implant tels que les kystes fonctionnels ovariens et l'hypo-œstrogénie sont heureusement rares.

Les médecins ont tous été confrontés à des retraits difficiles d'implants placés trop profondément. Cet inconvénient devrait être levé par le nouveau système de pose et la formation pratique qu'ont reçue les médecins à cet effet.

Quoi qu'il en soit, l'implant constitue un moyen supplémentaire pour la contraception des adolescentes qui ne sous-entend pas une observance parfaite de la femme et qui, de surcroît, s'avère discret à l'égard de l'entourage familial. Il est incontestablement sous-utilisé en France dans cette classe d'âge même si, parfois, son retrait peut être demandé prématurément pour de l'acné ou des saignements gênants. On peut donc tenter l'implant dès que la contraception orale n'est pas adaptée à la jeune femme quelle qu'en soit la raison.

Au total, il n'y a pas de situation médicale où aucune contraception ne puisse être proposée. À toute situation correspond une contraception adaptée qui devra se modifier au fil du temps avec l'évolution physique, psychique et sexuelle de la jeune femme. Il existe donc toujours une solution contraceptive quel que soit le contexte médical de la jeune patiente.

Organiser la confidentialité et la gratuité de la contraception pour les mineures

Organiser la confidentialité et la gratuité de la contraception chez les mineures exige une disposition spécifique de la Sécurité sociale au niveau national sans quoi le risque d'inefficience est majeur. La grande variété des dispositifs expérimentaux qui coexistent en France dans les régions qui ont voulu anticiper démontre qu'une uniformisation est tout simplement indispensable.

LA CONFIDENTIALITÉ

La première fois que la confidentialité de traitement chez les mineurs a été admise, c'était au début de l'épidémie du sida : les jeunes qui avaient contracté la maladie préféraient renoncer au traitement plutôt que de dire à leurs parents ce qui leur arrivait. Une deuxième dérogation est survenue pour la contraception d'urgence en 1999. En 2001, l'IVG et la contraception ont suivi le même chemin. Pour l'IVG, la prise en charge de l'acte a été aménagée de telle sorte que la confidentialité soit effectivement protégée. Une extension a d'ailleurs été décidée et mise en œuvre pour l'anesthésie générale, lorsque celle-ci est nécessaire pour réaliser l'IVG. En revanche, la contraception n'a pas bénéficié de la même préoccupation. En théorie, la loi de 2001 affranchit le médecin de l'autorisation parentale. Mais le remboursement des actes de consultation et de délivrance des médicaments passe toujours par l'assurance parentale, ce qui est rédhibitoire pour une bonne part des jeunes femmes qui préfèrent prendre le risque d'une grossesse plutôt que celui de décevoir leurs parents. La confidentialité est donc prévue dans la loi mais n'a pas été rendue applicable en dehors des centres de planification.

LA GRATUITÉ

En France, la gratuité de la contraception pour les mineures ne constitue pas, et de loin, la règle sauf dans les centres de planification. La contraception est remboursée à 65 % pour les pilules de deuxième génération et quelques pilules de troisième génération ainsi que pour les dispositifs intra-utérins et les implants. La majorité des pilules de troisième génération et les pilules à l'estradiol, les patchs et les anneaux vaginaux ne sont pas remboursés alors que ces modes d'administration présenteraient des avantages évidents pour les jeunes. Aux Pays-Bas, les méthodes de contraception sont gratuites pour les mineures. Le rapport de l'IGAS[1] arrive d'ailleurs à la conclusion que la solution la plus simple, la plus efficace et paradoxalement la moins coûteuse en termes de gestion collective, serait d'assurer la gratuité de la contraception chez les jeunes.

La situation actuelle de la France revient à refuser l'accès des jeunes aux contraceptions les plus modernes sur le plan tant pharmacologique que galénique. Or leur innocuité accrue et leur

1. Aubin C., Jourdain Menninger D., Chambaud L., « Évaluation des politiques de prévention des grossesses non désirées et de prise en charge des interruptions volontaires de grossesse suite à la loi du 4 juillet 2001 », *Rapport de l'IGAS*, art. cit.

meilleure observance potentielle nous pousseraient précisément à les prescrire à celles qui ont encore trente ans de contraception devant elles.

Ainsi, nos filles n'ont pas droit aux contraceptions les plus récentes. Derrière ce paradoxe, une convergence d'intérêts entre des laboratoires qui doivent rentabiliser leurs recherches et un État qui ne souhaite pas mettre la main à la poche. Nous proposons d'inverser cette donne ancienne et néfaste pour les jeunes femmes en demandant aux deux protagonistes, l'État et les laboratoires, de faire chacun la moitié du chemin pour les femmes mineures. Nous proposons d'instituer au plan national un « forfait contraception pour mineures » auquel les laboratoires qui fabriquent les contraceptifs pourraient adhérer individuellement et nous demandons au gouvernement la gratuité de tous les contraceptifs pour les mineures. Ceux-ci seraient payés directement aux pharmaciens, à un prix qui serait de l'ordre de la moitié du prix de vente actuel, une sorte de prix coûtant (la fourchette des prix mensuels va de 2 à 15 euros, et on pourrait donc établir le prix de ce forfait contraception pour mineures aux alentours de 7 euros). Plusieurs grands laboratoires en pointe en matière de contraception nous ont laissé entendre qu'ils seraient partants pour adhérer à un tel dispositif, par soucis de santé publique d'une part, mais aussi pour la promotion de leur produit ainsi faite auprès de jeunes femmes peu tentées ultérieurement de changer une contraception qui les aura satisfaites dans leurs premières années de vie sexuelle.

Cela permettrait d'offrir à ces jeunes femmes les contraceptions les plus modernes et les plus adaptées, gratuitement et confidentiellement. Une partie de la dépense serait d'ailleurs rattrapée par la diminution du nombre d'IVG dans toutes les classes d'âge (les adolescentes d'aujourd'hui sont les adultes de demain) et par la diminution des frais occasionnés lors de la suspicion d'un risque de grossesse (contraception d'urgence, tests de grossesse, consultations, etc.).

CHAPITRE 4

LE RÔLE DE LA PREMIÈRE CONSULTATION

Le rôle fondamental de la première consultation n'a jamais été considéré à sa juste mesure, tant pour la formation des médecins que pour l'organisation des soins. Il s'agit en effet d'une consultation médicale qui revêt une triple complexité : complexité liée à la population à laquelle elle s'adresse avec la difficulté de créer un lien de confiance pérenne, complexité de l'anamnèse et de l'évaluation des risques, complexité enfin de l'adéquation thérapeutique bien sûr plus difficile du fait de l'imprévisibilité de la sexualité à cet âge.

L'adolescent est la proie d'influences en tout genre dans lesquelles il se réfugie à la recherche d'attention, d'amour, de reconnaissance. Il trouve ses modèles dans les magazines, sa conception de l'amour est influencée par la pornographie, ses discussions sont virtuelles sur le Net et favorisent une forme d'impudeur dans les échanges. Les limites volent en éclats et, dans ce monde du « tout est possible », l'adolescent apprend à lâcher prise. Le danger commence dans cette relation hors réalité, cette relation au monde virtuel. Les modèles en chair et en os ne jouent plus le rôle d'antan. Les jeunes ne viennent pas nous parler de leur désir de ressembler à un oncle, un parrain, un père, un grand-père mais plutôt à un acteur, à un sportif. Les valeurs évoquées sont esthétiques, matérielles, très rarement morales. Le corps valorisé et sexualisé devient le moyen de rencontres, d'échanges, de nourriture narcissique d'autant que, chez leurs modèles identificatoires (acteur, sportif, artiste), la sexualité est banalisée ou utilisée comme un vecteur de réussite.

Cette consultation initiale peut parfois être sollicitée en urgence et donner lieu alors à un premier contact pour gérer la situation. Dans ce cas, la première consultation proprement dite aura lieu dans un second temps. Prescrire une contraception d'urgence ce n'est pas instituer une contraception suivie au long cours ; il s'agit là de deux situations médicales totalement différentes, la première permettant effectivement la délégation des tâches auprès d'auxiliaires médicaux alors que la seconde doit prendre une tout autre ampleur, décrite ci-dessous.

De plus, quelle que soit la méthode, l'efficacité pratique dépend de la bonne information donnée en consultation sur la manière de fonctionner de la contraception, sur les aléas qui exposent à un risque de grossesse et sur la conduite à tenir dans ces circonstances. L'attitude des femmes en cas d'oubli de pilule renforce les interrogations que l'on peut avoir sur les conditions de prescription : trop peu de prescripteurs prennent le temps de délivrer les explications et conseils nécessaires et moins encore de vérifier que ceux-ci ont été compris et assimilés. Les conditions actuelles d'exercice médical et le système de tarification forfaitaire à l'acte se prêtent mal à ce type de consultation longue à fort contenu relationnel, dont la spécificité mériterait d'être reconnue et encouragée (comme l'est par exemple la consultation pour un enfant en bas âge, qui fait l'objet d'une majoration)[1].

Installer la confiance

Les jeunes femmes, quel que soit leur âge, ne viennent pas volontiers voir un médecin ou un professionnel de santé à cause des peurs suscitées par ce premier contact.

La première peur vient de l'ignorance du secret professionnel. Le seul médecin que connaissent les jeunes est souvent le médecin de famille qui a un contact privilégié avec les parents.

---

1. Aubin C., Jourdain Menninger D., Chambaud L., « Évaluation des politiques de prévention des grossesses non désirées et de prise en charge des interruptions volontaires de grossesse suite à la loi du 4 juillet 2001 », art. cit.

Lui révéler sa sexualité naissante reviendrait peu ou prou à la démasquer aux parents. Ce médecin est donc malheureusement exclu et c'est dommage, car il dispose d'une information pertinente sur l'anamnèse médicale de la famille. Il faudrait recommander aux médecins généralistes au cours de leur formation de signaler aux adolescents qu'ils côtoient qu'ils peuvent les solliciter sans crainte au moment de leur choix.

Les jeunes ne viennent pas volontiers consulter un médecin ou un professionnel de santé car elles imaginent – et c'est malheureusement parfois vérifié –, qu'elles se verront imposer un examen gynécologique conditionnant la prescription contraceptive. Le dogme de ne jamais prescrire sans avoir examiné la patiente est ici contre-productif. Or il y a bel et bien nécessité d'un examen médical (tension artérielle, poids, auscultation cardiaque) et d'une anamnèse correcte lors de l'instauration initiale d'une contraception hormonale. Mais l'examen gynécologique (en dehors d'une symptomatologie d'appel) n'a aucune légitimité. S'agit-il de détecter un fibrome ? Un cancer de l'ovaire ? Une rare malformation utérine ? Quant à la détection des infections sexuellement transmissibles qui pourrait se justifier à cet âge, elle se fait par PCR sur jet urinaire.

Les jeunes ignorent que l'examen gynécologique n'est pas obligatoire pour avoir accès à la contraception. Elles redoutent à juste titre cet examen insurmontable, à un moment où la pudeur est au-devant des préoccupations et où le seul fait de se montrer nue est inenvisageable. Elles dévoilent volontiers le haut de leur string et leur nombril, mais elles redoutent pardessus tout d'avoir à se déshabiller.

Lors du premier contact, il est donc primordial d'énoncer l'absence d'examen gynécologique et mammaire en dehors d'une demande spécifique d'une adolescente qui souhaite être rassurée sur la normalité de sa morphologie sexuelle ou de la présence de symptômes dans la sphère génitale. Chaque examen gynécologique d'une femme quel que soit son âge, et *a fortiori* quand c'est le premier, doit se faire en accord avec elle et lui être expliqué au préalable de manière détaillée. Faute de quoi, cet examen peut être vécu comme un viol[1] et avoir des répercussions

1. Lachowsky M., Winaver D., *Aspects psychologiques de la consultation en gynécologie*, Paris, Masson, 2007.

psychosexuelles qui peuvent être définitives. La peur du contact médical qui en résulte peut se solder non seulement par une absence de contraception mais en plus par une grossesse non souhaitée qui va aggraver la situation psychique déjà fragile de ces jeunes femmes.

On comprend bien que, si le contact médical est indispensable à ce stade, il peut en revanche, s'il est mal réalisé, avoir des conséquences plus néfastes encore que son absence.

À l'autre extrême des mauvaises pratiques médicales se situe la délivrance rapide et désinvolte d'une prescription contraceptive souvent mal appropriée. Cela est attesté par le grand nombre d'arrêts intempestifs observés chez des jeunes en demande d'IVG et qui avaient fait la démarche de consulter un professionnel de santé pour leur contraception. Celle-ci a été interrompue rapidement devant le premier effet secondaire non anticipé d'autant que les rapports sexuels des jeunes sont souvent épisodiques et que leur vie, de ce point de vue, est rarement un long fleuve tranquille.

Entre ces deux pratiques, celle qui consiste à examiner systématiquement tout le monde, et celle qui conduit à évacuer rapidement le problème par une prescription rassurante pour le médecin mais peu efficace pour la jeune femme, se situe la mise en place d'une vraie relation de confiance. Cela prend du temps et nécessite disponibilité, écoute et compétence particulière. Et donc, cela signifie formation et consultation spécifiques.

Parfois, la contraception au long cours n'est pas nécessaire tout de suite ou impossible à mettre en œuvre d'emblée. Il vaut mieux alors savoir attendre et, grâce au climat de confiance obtenu, proposer une contraception de l'instant (préservatif, contraception d'urgence), le temps que la maturation permette de comprendre l'intérêt et les bénéfices d'une protection au long cours.

Cette consultation est longue. La phase d'apprivoisement n'est pas toujours facile de nos jours, où la défiance vis-à-vis des adultes est renforcée et où l'impression de tout savoir est si forte. En outre, il faut contrer l'ambiance médiatique écologique et donc antihormone. Les jeunes filles vous disent, la cigarette aux lèvres, que « la contraception hormonale est mauvaise pour la santé, qu'elle donne le cancer, qu'elle fait grossir et qu'elle rend stérile ». Leurs mères d'ailleurs, qui ont bien profité de la révolution sexuelle et contraceptive, imaginent faussement retarder le début de la vie sexuelle de leurs chères têtes blondes en cautionnant ces idées fausses : « Tu ne vas pas déjà prendre des hormones à ton âge... » Les grands médias en rajoutent sur la nuisance possible des contraceptions hormonales oubliant que la médecine est faite de comparaisons entre les complications d'un médicament et celles encourues quand on ne le prend pas. Personne ne dit les effets bénéfiques de la contraception, et ils sont nombreux dans cette tranche d'âge.

Au cours de cette première consultation, il faut donc remonter le courant de la désinformation ambiante sur la contraception mais aussi, aborder la vie affective et sexuelle, la physiologie du cycle de la femme et son irrégularité en début de vie génitale. Il faut expliquer, si on prescrit une contraception orale, comment elle fonctionne (délai de prise), quoi faire en cas d'oubli et informer sur l'existence de la contraception d'urgence, voire la prescrire. Connaître, en plus la vie de l'adolescente, son contexte de vie familiale et scolaire, ses addictions, sa vie sexuelle avec discrétion et tact, sans intrusion, pour repérer si elle est à risque. Un véritable travail d'orfèvre.

Réussie, cette consultation peut améliorer la vie de la femme. Ratée, elle peut la détériorer.

Ce travail médical et l'acquisition des connaissances qu'il permet sont profitables pour les trente ans de suivi contraceptif à venir et n'ont plus besoin d'être renouvelés ultérieurement quand il a été bien fait au départ. L'enjeu médical de cette première consultation de contraception est donc majeur.

Permettre l'anamnèse et l'évaluation des risques

Le plus souvent les jeunes ignorent tout de leurs antécédents médicaux. Ils sont peu intéressés par les causes qui ont provoqué le décès de leurs ascendants, ou même les accidents thrombo-emboliques veineux qui ont pu leur arriver. Or le caractère héréditaire de ces pathologies influence la prescription hormonale.

Il n'est pas envisageable aujourd'hui de proposer une recherche exhaustive des mutations responsables d'hypercoagulabilité favorisant la thrombose veineuse même si, exceptionnellement, des accidents graves, voire mortels, ont pu se produire. En présence d'une thrombophilie, les complications n'apparaissent pas toujours. En son absence, elles peuvent exister tout de même. La grossesse est d'ailleurs bien plus thrombogène pour ces femmes que la contraception œstroprogestative. Ce seul risque grave à l'installation de la contraception est trop exceptionnel pour remettre en question la contraception hormonale des jeunes ou la conditionner à des examens complémentaires sauf en cas d'antécédents familiaux connus.

Ces informations capitales manquent souvent au médecin qui prescrit. La jeune fille ne les connaît pas et il est difficile, quand on débute sa sexualité, d'aller voir sa mère pour poser ce type de questions. Le médecin traitant qui connaît ces antécédents familiaux aurait donc un réel avantage s'il pouvait être sollicité en toute confidentialité par la jeune fille à ce moment.

Assez souvent le problème est résolu par la présence de la mère à la première consultation. Les questions sur les antécédents familiaux et le statut vaccinal de la jeune fille (hépatite B et HPV) peuvent alors lui être posées, ce qui sécurise la prescription. En l'absence totale d'informations sur les antécédents familiaux, il peut être licite, le temps d'en savoir plus, de prescrire une contraception microprogestative.

La controverse qui subsiste sur la présence de la mère lors de la consultation ne peut être tranchée facilement. S'il paraît indispensable de disposer d'un moment de totale confidentialité avec la jeune femme, on ne peut nier l'intérêt que la mère puisse assister à une partie de la consultation. Comme le souligne Bernard Lempert, la jeune fille « [...] a encore besoin de protection, et elle a déjà besoin d'indépendance. Elle vit encore sous le regard de ses parents, et elle vient de laisser se constituer un lien qui doit échapper à leur regard. Sa jeunesse a besoin d'eux, et sa pudeur a besoin d'ombre. Ainsi naît l'intime, ce noyau autour duquel l'identité personnelle se déploie et se développe[1] ».

---

1. Lempert B., « Pour que la loi protège l'intime », *in* « XIIes Journées nationales d'études sur l'avortement et la contraception », ANCIC, Marseille, 6-7 juin 1997.

L'ambiguïté provient de ce que, pour la première fois dans l'histoire de la jeune fille, une thérapeutique vient s'imposer hors du regard des parents. La mère doit comprendre que désormais quelque chose de sa fille lui échappe et que c'est normal. Le relais de la protection de son enfant est pris par un tiers. Quant à la fille, elle découvre son droit au secret et la possibilité d'accéder à une aide médicale sans en référer aux parents.

La suite de la consultation doit donc effectivement se poursuivre en l'absence de la mère. L'évaluation des risques personnels peut alors se faire en toute liberté. Il y a des choses qu'on ne peut pas dire devant ses parents, même lorsque le contact mère-fille est excellent. Les enfants cherchent à protéger leurs parents ; ils ont surtout peur de les décevoir, voire d'être critiqués, ou pire encore, d'être « conseillés », par exemple sur le choix du partenaire du moment.

Il y a un double intérêt à ce que le médecin impose à la mère de sortir après avoir obtenu les informations anamnestiques :

– Un intérêt symbolique : on met en pratique ce qui a été énoncé sans soumettre cette décision à l'avis de la mère. On passe donc outre son autorité comme on le ferait si elle souhaitait ultérieurement être éclairée sur le contenu de ladite consultation. Cela souligne l'existence réelle du secret professionnel qui est mis en œuvre en pratique sous les yeux de la fille.

– Un intérêt pratique : tout peut être dit. Il n'est pas rare d'ailleurs que la jeune fille en profite pour exprimer des angoisses ou des questions sur sa vie personnelle qui permettent au médecin de mieux la protéger. Confronté à une réalité cette fois non édulcorée, il lui devient possible de mettre en œuvre les moyens les plus adaptés. Il s'agit ici de préserver le secret sur ce que chacun d'entre nous souhaite conserver à l'ombre des regards.

Les infections sexuellement transmissibles (IST) ont ouvert la porte des écoles pour l'information à la sexualité après la vague du sida. Mais si l'on regarde les risques auxquels s'exposent les jeunes, les IST sont véritablement minoritaires eu égard au véritable risque qu'est celui de la grossesse non souhaitée. Il n'en demeure pas moins qu'un temps important de la consultation doit tourner autour de la bonne utilisation du préservatif. Son usage allégué par les jeunes ne vaut pas connaissance et est loin d'être systématique. Il est donc indispensable de réitérer les conseils pratiques car les infections à *Chlamydia* augmentent à nouveau et peuvent obérer la fécondité ultérieure (les enquêtes récentes montrent une certaine déréliction du préservatif par rapport aux années 1990). En revanche, le risque de séroconversion VIH demeure heureusement faible pour cette classe d'âge.

Le préservatif n'est cependant pas un moyen contraceptif suffisant même si la vague des IST l'a substitué partiellement à la contraception hormonale. L'irrégularité d'utilisation, son usage approximatif et surtout l'hyperfécondité à cet âge le disqualifient comme moyen contraceptif unique à cette période de la vie. Il protège en revanche fort bien des IST hormis celles à *Papillomavirus* pour lesquelles le vaccin avant le début de la sexualité constitue la solution la plus efficace. Il doit donc être proposé systématiquement en plus de la contraception (Double Dutch).

Une prescription adaptée

C'est sans doute la banalisation de la « pilule » qui a abouti à galvauder le choix de la première contraception. Celle-ci est souvent prescrite le plus vite possible sans que soit posée la moindre question, en dehors des antécédents familiaux thrombo-emboliques veineux. L'échec est là qui nous montre que la première consultation de contraception est complexe et assez souvent bâclée.

Tout d'abord, comprendre et accepter la contrainte d'une prise quotidienne de médicaments à cette période de la vie nécessitent une grande maturité peu fréquente parmi les adolescentes. Ce que leurs aînées ont réclamé et obtenu dans les années 1970-1980 dans un contexte sociétal qui faisait de la contraception le paradigme de la libération féminine est vécu aujourd'hui comme une aliénation, voire comme la soumission aux obligations qu'imposent d'une seule voix tous ces adultes si raisonnables. Se « droguer » aux hormones jour après jour peut aussi être vécu comme une irréparable agression à l'égard de sa propre santé. Les arguments qui prévalent donc contre la contraception hormonale sont très présents, *mezza voce* chez les jeunes. Ils imposent, pour que ces derniers puissent s'approprier la contraception hormonale, une information pas à pas sur le mode de fonctionnement, l'intérêt, les bénéfices et l'absence de risque de la contraception orale. Sans quoi, l'observance sera insuffisante avec les conséquences que l'on sait.

Et c'est difficile, en consultation, dans un temps limité, d'appréhender avec discrétion, mais efficacité la capacité d'une jeune femme à prendre régulièrement, sans oubli, une contraception orale. Le niveau scolaire est de peu d'aide, l'implication des parents, impensable, et ce que sait la fille d'elle-même, très imprécis. La revoir dans les trois mois pour faire le point sur l'observance et les effets secondaires constitue une solution, quitte alors à modifier la prescription si celle-ci ne paraît pas adaptée. L'initiative peut venir de la jeune femme elle-même qui, se sentant plutôt oublieuse, poussera d'emblée à une prescription indépendante de sa volonté, voire de rythmicité différente, hebdomadaire ou mensuelle.

Cette première consultation impose donc de présenter un choix complet des différentes méthodes. La participation active de l'adolescente au choix de la contraception la responsabilise et améliore nettement l'observance.

Lorsque « Un comprimé tous les jours à heure régulière, c'est même pas en rêve ! », l'acharnement prescriptif d'une pilule est catastrophique. La plaquette ne sera peut-être même jamais entamée et, surtout, il n'y aura souvent pas de deuxième chance car elle ne consultera pas avant une éventuelle IVG. Elle préférera prendre des risques plutôt que d'avouer que ça ne va pas. Et consulter à nouveau, pour quoi faire, si elle n'a pas la notion que d'autres possibilités existent.

Si l'astreinte hebdomadaire est acceptable, les patchs cutanés peuvent constituer une alternative eu égard à leur tolérance sur un oubli de quarante-huit heures. Plus rarement, la connaissance de son propre corps après une période suffisante d'activité sexuelle ajoutée à l'utilisation régulière de tampons périodiques, rend envisageable d'emblée l'anneau vaginal mensuel.

Mais toutes les contraceptions qui mettent en œuvre la volonté de la jeune femme peuvent s'avérer hors jeu. Le besoin de cacher absolument sa contraception au milieu familial, mais aussi l'immaturité flagrante, voire l'extrême jeunesse doivent conduire à proposer d'emblée des contraceptions indépendantes de la volonté.

Le choix résiduel, si on veut éviter l'examen qu'impose la mise en place d'un dispositif intra-utérin (DIU) et les risques infectieux liés aux partenaires multiples, demeure l'implant sous-cutané. Même si pour 15 % des femmes les effets secondaires de type saignements irréguliers et acné pourront amener à la demande d'un retrait prématuré, il n'en reste pas moins que 85 % des femmes seront satisfaites d'une méthode efficace et discrète valable pour trois ans. Sans doute, cette modalité de contraception mériterait-elle d'être davantage proposée aux jeunes, malgré sa mauvaise presse dans le monde médical.

De même, pour les jeunes femmes, au-delà de l'adolescence, le DIU peut être une excellente alternative malgré la réticence injustifiée et dommageable des médecins de le placer chez des nullipares. Dans un couple constitué, surtout quand la lassitude de « prendre un médicament tous les jours » survient, le DIU devrait être proposé beaucoup plus facilement pour éviter l'augmentation permanente de l'IVG dans cette classe d'âge.

Hormis le choix du mode d'administration, les contraceptions orales présentent également un choix très large de molécules œstrogéniques et progestatives. Chez les jeunes, comme à tout âge, la contraception orale doit être adaptée aux risques personnels (tabac, antécédent veineux), à sa tolérance et aux bénéfices secondaires attendus. L'acné par exemple, souvent très gênante à cet âge, peut justifier une prescription spécifique.

À chaque femme, cas particulier s'il en est, correspond un choix contraceptif, toujours provisoire, qui doit d'ailleurs être revu et corrigé régulièrement en fonction des nouvelles contraintes de vie qu'elle rencontre.

Par chance, nous disposons d'un grand choix de molécules et de modes d'administration de la contraception hormonale.

Par malchance, elles ne sont pas toutes prises en charge par la Sécurité sociale, ce qui limite considérablement le degré de liberté des médecins et de fait la protection des femmes contre les grossesses non souhaitées.

Pour sortir de la situation actuelle où l'État et les industriels sont dos à dos sur cette question, une convergence est possible en demandant à chacun des deux de faire la moitié du chemin. Les industriels pourraient vendre à prix coûtant toutes les contraceptions que l'État procurerait gratuitement aux mineures au travers d'un « forfait contraception pour mineures ». Des premiers contacts laissent penser qu'un forfait aux alentours de 7 euros par mois pour les produits récents et innovants pourrait être acceptable. Il resterait à définir les modalités techniques et pratiques de sa mise en œuvre, mais une coalition de l'industrie et de l'État pour faire reculer les grossesses et les IVG chez les mineures serait un signe fort et une preuve tangible de l'engagement de tous dans ce dossier.

Comment améliorer cette première consultation ?

Pour améliorer la qualité de la première consultation, cardinale dans la santé sexuelle des jeunes, il faut agir sur trois axes : orienter les jeunes vers les bonnes ressources médicales ; former les professionnels de santé à la première consultation ; rémunérer correctement ces consultations plus longues.

ORIENTER LES JEUNES VERS LES BONNES RESSOURCES MÉDICALES

Les jeunes consultent beaucoup Internet. La création d'un site national d'information, à l'instar de ce qui a été fait dans d'autres pays européens, aurait l'avantage de tenir à jour les ressources médicales et de répondre aux questions parfois urgentes des adolescents. L'expérience du site Info-Ado[1] montre de ce point de vue que les jeunes se servent volontiers d'une structure qui leur répond immédiatement et de manière dédiée. Donner à des centres de planification réorganisés et uniformisés (CPEF, EICCF, planning familial), éventuellement intégrés dans des « maisons des adolescents », la responsabilité de mise à jour

---

1. http://info-ado.u-strasbg.fr

de ces ressources sous la tutelle de l'ARS pourrait être une option efficace pour actualiser un tel site. Orienter les jeunes vers les bonnes ressources médicales est un enjeu difficile mais pourtant fondamental eu égard aux conséquences positives ou négatives à court et à long terme de cette première consultation. Il faut que les sources d'information que consultent les jeunes leur donnent de manière claire les lieux et téléphones où ils pourront s'adresser pour obtenir ce contact médical, et ce de manière gratuite et confidentielle.

Un livret informatif (un tel document est en cours d'élaboration par Sparadrap, l'INPES et la MGEN) pourrait leur donner les explications indispensables sur la gratuité et la confidentialité qu'ils y trouveront, sur l'absence d'examen gynécologique systématique dans ces lieux, sur sa présentation dédramatisante toutefois s'il s'avère nécessaire.

Les interventions en milieu scolaire offrent une bonne opportunité de laisser un document informatif aux élèves sur les ressources de proximité disponibles et correctement mises à jour. Les élèves sauraient ainsi que consulter aux endroits répertoriés leur assurerait une grande qualité de prise en charge, de gratuité et de confidentialité.

FORMER LES PROFESSIONNELS DE SANTÉ À LA PREMIÈRE CONSULTATION

Une grande majorité des spécialistes gynécologues connaissent le contenu idéal d'une première consultation de contraception, mais ne peuvent le mettre en œuvre par manque de temps. C'est l'une des raisons qui expliquent que, si souvent, cette consultation n'atteint pas son objectif de protection des jeunes. De nombreux généralistes, de même que certains spécialistes, n'ont jamais eu d'enseignement spécifique sur ce sujet. Instaurer pour la première fois une contraception, en dehors d'une situation d'urgence, est un acte médical complexe qui nécessite temps et compétence. Une solution pourrait être de constituer une formation qualifiante ouverte à tous les professionnels médicaux de santé dans chaque région dans le cadre du développement professionnel continu (DPC) dont le volume horaire pourrait être d'une journée complète de cours[1]. Le CNPGO[2] pourrait veiller à l'organisation de ces formations sur l'ensemble du territoire. Le contenu de cette journée d'enseignement, qui serait effectuée dans toutes les régions, déborderait le côté technique de la contraception et s'attacherait plus particulièrement à la forme et à l'approche psychologique si particulière des adolescents[3].

Le fait d'avoir assisté à cet enseignement pourrait laisser une trace, une qualification, qui attesterait que les normes de qualité de cette première consultation ont été apprises et intégrées. On pourrait ainsi favoriser l'organisation de véritables réseaux de compétences utilisant les professionnels disponibles sur place. Il est clair que le renouvellement ultérieur d'une contraception déjà installée chez une jeune femme (entre 15 et 25 ans) ne justifie plus obligatoirement de consultation médicale, en dehors d'une véritable symptomatologie.

Si on souhaite améliorer la qualité de la première consultation de contraception, il faut s'en donner les moyens.

RÉMUNÉRER CES CONSULTATIONS PLUS LONGUES

La consultation pourrait s'effectuer dans le cadre d'un C2 (consultation plus détaillée et donc mieux rémunérée eu égard au temps passé). Le cahier des charges de cette consultation de près de 45 minutes serait précisé lors des formations *ad hoc* et le C2, effectué par un généraliste ou un spécialiste, ne pourrait pas être répété ultérieurement pour la même femme. Cette consultation longue et détaillée, spécifique par sa forme, aurait le mérite d'insister sur le caractère exceptionnel et impérativement qualitatif de ce premier contact médical dont on sait les retombées positives tout au long de la vie génitale d'une femme : ce qui est dit là est définitivement acquis, surtout si la confiance est de la partie.

---

1. Voir contenu général de cette journée de cours en annexe 2, p. 221.

2. Conseil national professionnel des gynécologues et obstétriciens dont c'est la mission.

3. Méthode Bercer, *Stratégies de choix des méthodes contraceptives chez la femme. Recommandations pour la pratique clinique*, ANAES, AFSSAPS, INPES, décembre 2004.

Ce C2 ne serait pas applicable aux consultations faites en urgence dans le cadre d'un rapport non protégé. La santé publique, en toile de fond de cette consultation, a un mandat d'efficacité à coût contrôlé et le monde médical a, quant à lui, un mandat d'éducation et de prévention : dans ces consultations, il s'agirait de joindre les deux objectifs de santé publique et de qualité médicale. Le contrôle informatique de cette activité bénéficiant d'une lettre clé spécifique permettrait d'en mesurer le coût et d'éviter les abus.

CHAPITRE 5

INFORMER LES ADOLESCENTS SUR LA SEXUALITÉ

Depuis quelques décennies, on assiste à des transformations sociales importantes : réduction de l'influence des Églises, mouvement de libération des femmes, légalisation de la contraception et de l'interruption volontaire de grossesse, éclatement de la notion traditionnelle de couple, mouvements gay et lesbien, augmentation des dévoilements d'abus sexuel, exploitation de la sexualité en produits de consommation, hédonisme et égocentrisme modernes, cyberpornographie, nouvelles technologies de reproduction, médication améliorant la capacité sexuelle, etc.

Face à toutes ces révolutions, nos jeunes sont encore plus fragiles que les adultes et pourtant l'école n'en parle pas. Comme si tout cela n'existait pas. La libération de la sexualité a fait en sorte que de nombreux phénomènes sexuels, ayant longtemps fait l'objet de tabous et de silence, ont été propulsés soudainement à l'avant-scène. De privée qu'elle était, la sexualité s'est mise à occuper de plus en plus la place publique. Les jeunes, tout comme les adultes, ne vivent pas en vase clos et sont largement déstabilisés par ces modifications sociétales si bruyantes et pourtant si absentes à l'école.

Les adolescents sont submergés d'informations

Les enfants et les adolescents sont submergés de données de toutes sortes sur la sexualité. Certains peuvent compter sur leur milieu familial pour les aider à rendre significatifs ces messages, mais de nombreux parents ressentent un malaise tel, qu'ils n'osent pas s'aventurer dans cet univers particulier qu'est la sexualité de peur d'en dire trop ou de ne pas le dire de façon convenable. Les camarades représentent également une source importante d'information sexuelle pour les jeunes, mais souvent les renseignements ainsi transmis sont incomplets ou manquent de nuances. Souvent assujettis à des perceptions stéréotypées, idéalisées et fragmentées à l'égard de la sexualité, les enfants et les adolescents sont à la fois fascinés et intrigués par cet univers.

Conscients que toutes ces influences extérieures modulent les représentations et les perceptions de la sexualité, les adultes se doivent de présenter aux jeunes une vision positive de la sexualité qui est bel et bien au cœur de l'identité, de la relation à l'autre, de l'épanouissement et du bien-être de la personne.

Il est essentiel d'aborder franchement la sexualité avec les enfants et les adolescents, tout en les amenant à développer leur jugement, leur sens des responsabilités, leur esprit critique et leur capacité de discernement. En fait, chaque adulte présent dans l'entourage de l'enfant a un rôle à jouer concernant l'éducation à la sexualité. Et, bien que l'on s'entende pour dire que les parents sont les premiers éducateurs de leurs enfants, les intervenants du milieu scolaire sont également des interlocuteurs significatifs auprès des élèves. L'objet de l'information sexuelle explicite est d'abord de favoriser l'intégration harmonieuse de la dimension sexuelle de la personne tout en considérant les normes de la collectivité. En effet, « la sexualité est une manière de donner sans se sentir possédé, de recevoir sans se sentir envahi, de réaliser une unité singulière, distincte d'autrui, tout en étant solidaire de son semblable[1] ».

---

1. Bretonnière-Fraysse A., « Qu'est-ce que l'éducation sexuelle ? », *in* Braconnier A., Bretonnière-Fraysse A., Choquet M., Coinçon Y., Giscard d'Estaing A.-A., Huerre P., Revah-Lévy A., *La Sexualité à l'adolescence*, *op. cit.*

Remettre la dimension affective et relationnelle au centre de la sexualité

La sexualité ne se limite évidemment pas à la génitalité et ne doit pas être réduite aux seules pratiques sexuelles. Les aspects affectifs et relationnels sont au centre de la sexualité. De même, la sexualité n'est pas un phénomène qui se concrétise à travers les seules étapes du développement de l'adolescence (puberté, premières relations amoureuses, premières relations sexuelles). Dès la naissance, l'être humain est sexué, et des événements aussi déterminants que les attitudes des parents à son égard, en tant que fille ou garçon, contribuent à façonner son identité sexuelle. Bien que l'adolescence semble être l'étape temporelle de l'initiation des premiers rapports sexuels, il ne faut pas oublier que diverses situations durant la vie de l'enfant, du préadolescent et de l'adolescent lui permettent de mieux comprendre ce que représente la sexualité dans la vie d'un individu et plus particulièrement dans sa vie.

La sexualité est le produit d'une relation complexe entre les expériences personnelles, les influences extérieures et les contingences sociales ou morales. La sexualité est donc multidimensionnelle : elle implique les aspects affectifs par l'entremise des attitudes, des valeurs, des sentiments que l'on éprouve à l'égard de soi et d'autrui. Elle se nourrit de connaissances, de façons de penser et de conceptions diverses instillées par le milieu familial. Elle repose sur la biologie, mais elle est aussi largement tributaire de la société dans laquelle la personne évolue et qui influe sur la culture, les rapports entre groupes et entre individus, les aspects moraux et spirituels.

Pendant longtemps, l'éducation sexuelle s'est limitée à interdire toute conduite sexuelle chez les adolescents et à les surveiller de près afin que cette consigne soit respectée. Peu à peu, l'abstinence absolue a fait place à la suggestion de reporter à plus tard l'engagement sexuel dans le but de prévenir les maladies transmises sexuellement et la grossesse à l'adolescence. Ces deux façons de faire reposaient sur le même message : éviter les conséquences jugées négatives de l'expression sexuelle. Plus récemment, l'avènement du sida a ramené de nouveau l'accent sur la question sanitaire et biomédicale de la prévention en faisant fi des dimensions affective et psychosociale.

Une information qui fait réfléchir et grandir

Les interventions d'éducation sexuelle à l'école se sont souvent contentées d'éviter aux enfants et aux adolescents certaines situations difficiles, voire éprouvantes. Mais elles doivent également les aider à mieux se comprendre, se réaliser et s'affirmer comme garçon ou comme fille. La sexualité ne peut plus être envisagée uniquement par la lorgnette de la prévention, pas plus qu'elle ne doit se limiter à la transmission d'un savoir. La démarche d'éducation sexuelle informe, fait réfléchir et, éventuellement, aide à se construire. Une information simple et précise peut donner confiance pour aborder plus tard les questions plus émotives. De même, pour ne pas être victime des seules influences extérieures, il importe de réfléchir aux enjeux qu'implique pour soi telle conduite ou telle situation. Cela suppose notamment, pour les adultes, de livrer des messages explicites, c'est-à-dire des messages qui ont un sens clair, non ambigu, et ce, en tenant compte du contexte de la demande et de l'âge de l'enfant ou de l'adolescent. Il faut éviter les messages implicites qui laissent les jeunes dans le vague et dans l'interprétation hâtive[1]. Il existe de nombreuses situations où l'ignorance d'un enfant ou d'un adolescent peut malheureusement conduire à certaines situations déplorables, voire à des formes d'exploitation et d'abus. Rappelons que faire réfléchir les jeunes sur l'existence d'un phénomène et leur fournir l'information dont ils ont besoin au travers d'un « parler vrai » constitue une première démarche de prévention, et c'est particulièrement vrai en ce qui concerne l'exploitation sexuelle.

Cependant, la connaissance seule ne permet pas d'enrayer toutes les formes d'abus dont les jeunes peuvent être l'objet, tout comme elle ne suffit pas pour éduquer. Les adultes surestiment

1. Duquet F., « En parler à l'école... », art. cit.

le niveau de connaissances sexuelles des jeunes, tout en sous-estimant leur capacité de comprendre et de gérer certaines réalités de la vie. Sans compter que les jeunes veulent protéger les adultes. Une partie de l'intervention en matière d'éducation sexuelle consiste à fournir des points de repère susceptibles d'aider les enfants et les adolescents à bien évaluer leur situation ainsi qu'à prendre et à assumer certaines décisions qui les concernent. Pour ce faire, il ne s'agit pas tant de miser sur la quantité de renseignements fournis mais bien plutôt sur la qualité de l'attitude éducative. « L'objectif des séances est avant tout de montrer comment la sexualité, loin d'être un domaine où tout est réglé et codé, est un lieu où chacun découvre l'autre[1]. » Il ne suffit pas d'une seule intervention ponctuelle sur le thème de la sexualité pour avoir l'impression du « travail accompli ».

Il existe de très nombreuses occasions de développer l'acquisition des compétences nécessaires pour favoriser l'adaptation de l'enfant et de l'adolescent lui permettant d'établir des relations interpersonnelles satisfaisantes. Le succès de toute démarche d'éducation sexuelle réside nécessairement dans ce souci de permettre des apprentissages progressifs et constants. En effet, cela doit s'inscrire dans un processus qui permette à l'enfant et à l'adolescent d'apprendre, de comprendre et de réagir. L'éducation sexuelle se base sur un modèle d'éducation démocratique, scientifique et ouvert dans le but de contribuer au développement d'une éthique personnelle et sociale. Tout adulte travaillant auprès des enfants et des adolescents a, dans une certaine mesure, la responsabilité de leur éducation à la sexualité. Les attitudes des uns et des autres à propos de la sexualité, jointes aux messages livrés spontanément sous forme de blagues ou de sous-entendus, représentent le premier bagage d'éducation à la sexualité des enfants et des adolescents. Ces messages s'additionnent à ceux des amis et des médias, mais ils n'expriment pas d'intentions pédagogiques claires.

Si l'idée même de parler de sexualité à des jeunes ne scandalise plus aujourd'hui les adultes, force est de reconnaître que l'époque actuelle est hypersexualisée et que les enfants et les adolescents sont abreuvés d'une somme impressionnante de

1. Marzano M., Rozier C., *Alice au pays du porno*, *op. cit.*

messages sexuels. C'est une des raisons pour lesquelles il importe de les informer et de les amener à réfléchir sur le sens et les valeurs des divers messages reçus et sur ce que peut représenter la place de la sexualité à différentes étapes de la vie.

Les parents : une juste distance à trouver

Les parents demeurent sans contredit les premiers responsables de l'éducation à la sexualité de leurs enfants : ils ont maintes occasions d'intervenir, en respectant les valeurs auxquelles ils adhèrent en tenant compte de la personnalité de leur enfant. Loin d'être indifférents au climat de permissivité qui règne actuellement et bien intentionnés quant à l'épanouissement de leurs enfants, les parents n'en craignent pas moins pour leurs rejetons. Il leur appartient de créer un climat de confiance permettant à l'enfant de poser les questions qui le préoccupent. Ils n'hésiteront pas à témoigner des valeurs qui les animent au regard des enjeux soulevés. Ils pourront renforcer les actions accomplies par l'école en matière d'éducation à la sexualité. S'ils le jugent nécessaire, ils iront chercher l'information et le soutien dont ils ont besoin. Toute éducation sexuelle va de pair avec une éducation affective et tout parent peut remplir ce mandat avec simplicité et honnêteté. En somme, la base de l'éducation à la sexualité est l'estime et l'affirmation de soi.

Cependant, à un certain âge, les jeunes se distancient de leurs parents, font moins de confidences, ont davantage de pudeur et préfèrent discuter de sexualité avec leurs amis, à l'école, ou un tiers avec qui la relation affective leur semble moins conséquente. Sans compter que beaucoup de parents ne sont pas disposés à prodiguer à leurs enfants l'éducation à la sexualité dont ces derniers ont besoin à ce moment-là. Il n'est pas question ici d'adresser des reproches aux parents, mais plutôt de constater simplement que la plupart d'entre eux sont embarrassés par ce sujet et ont du mal à en parler simplement. Le milieu scolaire offre ainsi un cadre plus officiel d'apprentissage par rapport aux autres agents d'éducation sexuelle que sont la famille, les amis et les médias. Plus les enfants sont jeunes, plus il est important d'établir un lien avec leurs parents pour leur exposer les objectifs et les modalités des séances d'éducation à la sexualité. Cela permet d'une part de les rassurer sur ce qui va être proposé à leurs enfants et d'autre part de leur expliquer que le travail que l'on fait ne vise pas à les remplacer ni à les déresponsabiliser vis-à-vis de leurs enfants mais plutôt à s'inscrire dans une complémentarité[1].

Informer n'est pas inciter

L'accusation ancienne qui veut que l'éducation sexuelle encourage les jeunes à avoir des relations sexuelles précoces renforce les résistances à sa diffusion. Pourtant, de nombreux travaux de recherche ont démontré le contraire : les jeunes ayant eu de l'information sur la sexualité à l'école retardent le moment de leur première relation sexuelle, et attendent volontiers le moment qu'ils jugent eux-mêmes comme étant le plus opportun (Zelnik et Kim[2], Kirby[3], Dawson[4], Zabin[5]). Plus le sujet est tabou plus il est source de curiosité larvée et donc de risques de passage à l'acte. Un adolescent qui ne peut pas parler de la sexualité, qui ne trouve pas d'interlocuteurs garants d'une information de qualité, est fragilisé dans son être.

---

1. *Ibid.*

2. Zelnik M., Kim Y. S., « Sex education and its association with teenage sexual activity, pregnancy and contraceptive use », *Family Planning Perspectives*, 1982, 14, p. 117-119 et 123-126.

3. Kirby D., « The effects of selected sexuality education programs : Toward a more realistic goal », *Journal of Sex Education and Therapy*, 1985, 11, p. 28-37.

4. Dawson D. A., « The effects of sex education on adolescent behavior », *Family Planning Perspectives*, 1986, 18, p. 162-170.

5. Zabin L. S. et coll., « Evaluation of a pregnancy prevention program for urban teenagers », *Family Planning Perspectives*, 1986, 18 (3), p. 119-126.

Gérer les préoccupations affectives et sexuelles des adolescents à l'école

La grande majorité des adultes présents dans une école ont à gérer quotidiennement des situations privées d'éducation sexuelle (chagrin d'amour de l'un, préoccupations quant à l'image corporelle de l'autre, harcèlement dans la cour d'école, dévoilement d'abus sexuel, jalousie, séduction plus ou moins ouverte entre élèves dans la classe, questions spontanées des plus jeunes élèves sur l'amour et la sexualité, etc.). L'école constitue bien plus qu'un lieu d'apprentissage, c'est un milieu de vie. Les démarches d'éducation à la sexualité doivent donc s'inscrire dans une vision plus globale de la personne et de ses interactions avec les autres et éviter de se limiter à une intervention ponctuelle unique. De même, la seule transmission des connaissances ne suffit pas à l'acquisition de compétences. Les méandres de la vie relationnelle, les aspirations et les goûts personnels ainsi que toutes les influences extérieures offrent de nombreuses possibilités d'apprentissage.

Les enseignants se situent au premier plan dans l'application d'une démarche scolaire d'éducation à la sexualité, notamment pour ce qui est des liens qu'ils peuvent établir entre les situations dont ils sont témoins en classe et à l'école, les apprentissages disciplinaires et les réalités auxquelles sont exposés les élèves. De plus, la relation suivie qu'entretiennent les enseignants avec les élèves favorise un climat où des échanges simples et honnêtes peuvent avoir lieu. Car il est vrai que parler de sexualité fait appel non seulement à des compétences en matière de communication, mais également à des connaissances précises et à un bon esprit critique. Les enseignants, d'ailleurs, tout comme les parents, ne doivent pas hésiter à recourir aux autres ressources du milieu lorsqu'ils le jugent pertinent.

Cependant, la plupart des adultes (parents, professionnels de l'éducation, de la santé, etc.) ont été si fortement conditionnés en ce qui concerne le « sexe » qu'il leur est parfois difficile de trouver la juste voie d'intervention quand il s'agit de promouvoir une saine éducation sexuelle. La sexualité a été suffisamment taboue pour que le sujet leur apparaisse toujours délicat. Sans compter que l'univers de la sexualité touche inévitablement à leur sphère intime.

Préoccupés par la qualité de vie des générations qui les suivent, les adultes d'aujourd'hui doivent dépasser certains préjugés et des craintes démesurées à l'égard de l'apprentissage de la sexualité. L'honnêteté intellectuelle et affective dont ils feront preuve sera garante de la capacité des jeunes à bien saisir la complexité et la richesse de la sexualité humaine.

Avec une dose de simplicité, de transparence et de générosité, les intervenants seront les premiers ravis de l'effet que cet échange d'idées aura provoqué. Les enfants et les adolescents ont de toute évidence besoin d'adultes ayant des convictions éprouvées, des connaissances justes, un souci de dire vrai, une attitude d'ouverture, d'accueil et de compréhension de même que le désir de les aider à mieux se comprendre, se développer et s'estimer.

En somme, toute démarche d'éducation à la sexualité découle non seulement d'une vision positive et globale de la sexualité et de compétences précises liées à l'intervention en matière d'éducation à la sexualité, mais aussi d'une philosophie humaniste de l'intervention auprès des enfants et des adolescents.

CHAPITRE 6

INTERVENIR SUR LA SEXUALITÉ À L'ÉCOLE

La loi de 2001 prévoit à bon escient une information de trois heures par classe d'âge chaque année. Cette démarche a pour objectif « républicain » de réintroduire de l'égalité entre les jeunes sur les informations dont ils doivent disposer, quel que soit leur milieu d'origine. Outre son intérêt préventif pour les grossesses non souhaitées, l'information sur la sexualité a un objectif secondaire : contrer l'emprise de la pornographie et permettre aux jeunes de s'épanouir comme futurs hommes et femmes.

Les jeunes ont besoin de repères et de limites en ce qui concerne la sexualité, et il arrive que certains adultes hésitent à leur en donner, craignant d'être perçus comme puritains ou moralisateurs.

Il s'agit d'un sujet féministe car les garçons n'en passent pas physiquement par l'IVG en cas d'échec de la contraception, mais ils sont concernés à part entière par cette question et sont psychiquement impliqués.

Il s'agit d'un sujet éthique et légal (loi de 2001) car ce qu'attend de nous la population, c'est que nous protégions ces jeunes des mauvaises expériences qu'ils pourraient faire au début de leur vie sexuelle, affective et relationnelle.

Il s'agit enfin d'un sujet sociétal d'abord parce que les violences faites aux femmes découlent partiellement du traitement dégradant qui leur est réservé dans la pornographie. Mais aussi parce qu'il s'agit de l'équilibre affectif des relations hommes-femmes.

Objectifs des interventions en milieu scolaire

L'OBJECTIF DE PRÉVENTION PRIMAIRE EST AISÉMENT MESURABLE

Il s'agit d'être dans une culture de la prévention et de tout mettre en œuvre pour diminuer les grossesses non désirées des mineures, mais aussi, à plus long terme, de diminuer le recours à l'IVG. Cette prévention doit passer par une présence des adultes sous la forme d'une éducation à la vie affective, sexuelle, relationnelle précoce. En effet, les adultes de demain sont les ados d'aujourd'hui, et l'éducation qu'ils vont recevoir peut rendre à l'IVG la posture de rattrapage d'un échec de contraception et éviter qu'à l'avenir IVG et contraception ne soient confondues. Bien sûr, il y aura toujours des conduites à risque chez les adolescents, mais celles-ci ne rendent compte que du tiers des IVG. Les taux élevés d'IVG chez les jeunes ne sont donc pas une fatalité et le premier pas vers leur réduction significative, c'est bien sûr l'éducation, par les parents mais aussi par l'école. Un projet de santé publique qui négligerait cette étape essentielle de l'information scolaire serait voué à l'inefficience. L'information à la sexualité est le préalable indispensable et incontournable de la réduction des grossesses non souhaitées chez les jeunes.

L'OBJECTIF DE PRÉVENTION SECONDAIRE N'EST PROBABLEMENT PAS MESURABLE

Parler de sexe à des ados en tant qu'adulte, sans pudibonderie, c'est lutter contre une information délivrée par le matériel pornographique si facilement accessible. C'est rappeler la place de la vie émotionnelle et affective dans nos relations et ne pas réduire la rencontre à un acte exclusivement génital. La sexualité ponctuelle existe et nous n'essayons ni de la blâmer ni de donner une dimension morale à cette question. Mais la consommation de l'autre comme un objet sexuel ponctuel doit être dénoncée. L'autre est un sujet de droit, toujours.

Informer, c'est aussi lutter contre l'image dégradante et avilissante de la femme si largement répandue aujourd'hui, c'est combattre la violence des images non commentées par des adultes qui peuvent constituer un véritable traumatisme pour des jeunes en cours de maturation.

Cet objectif secondaire suit donc un impératif éthique. À une époque où les contenus pornographiques sont ubiquitaires et si largement disponibles, quel que soit le contrôle déployé par les parents, les adultes se doivent d'accompagner ce nouvel état de fait. Laisser les enfants seuls face à ce phénomène qui, marché oblige, s'impose à eux, est tout simplement inacceptable d'un point de vue éthique.

Il est évidemment souhaitable de parler de la différence des sexes et du respect du corps dès la maternelle, à l'instar de ce qui est réalisé au Québec, aux Pays-Bas et en Suisse romande. Cela implique une formation de tous les enseignants pour que chacun des adultes qui participent à l'éducation se sente à même d'évoquer ces sujets, quelle que soit la matière enseignée. Nous en sommes loin aujourd'hui en France, où les interventions en milieu scolaire sont effectuées par des intervenants extérieurs, ce qui limite bien sûr le volume horaire. De plus, le nombre d'enfants à former est si important qu'il rend difficile une éducation par petits groupes sur plusieurs séquences. Mais le mieux est l'ennemi du bien. Et une intervention ponctuelle en classe de troisième ou de seconde, si tous les élèves pouvaient en bénéficier, constituerait déjà un véritable progrès. C'est ce qui a été réalisé à Strasbourg depuis 1998 en veillant à toucher toute une classe d'âge, avec un suivi pérenne[1], année après année. Cette formule qui peut paraître insatisfaisante a toutefois déjà fait la preuve de son efficacité en termes de taux d'IVG chez les jeunes, même s'il paraît souhaitable de faire davantage. Constituer des petits groupes, avec deux intervenants pour chaque groupe, n'aurait pas permis de toucher tous les enfants, et cette option n'a pas été retenue car son efficacité aurait été trop limitée. La

1. Info-Ado : organisation de l'information à la sexualité à Strasbourg touchant toute une classe d'âge à partir des maternités publiques et de la maison des adolescents de Strasbourg.

possibilité a été donnée aux élèves, après l'ouverture que donne l'intervention en milieu scolaire, d'effectuer un suivi individuel, soit auprès de l'infirmière scolaire, soit auprès de l'accueil anonyme et gratuit dont disposent les jeunes dans la ville.

Comment fonctionne Info-Ado en milieu scolaire[1] ?

Les interventions en milieu scolaire occupent une séquence de deux heures à la place d'un autre cours. Elles sont programmées à l'avance entre l'établissement scolaire et l'unité fonctionnelle d'orthogénie de l'hôpital voisin. Cela permet à l'établissement scolaire de prévoir, au cours de la semaine précédant l'intervention, un temps pendant lequel les élèves peuvent poser leurs questions écrites de façon anonyme. Bien que ces questions soient globalement toujours les mêmes, leur lecture, outre qu'elle intéresse éminemment la classe, permet à l'intervenant de cibler les centres de préoccupation communs et de mieux adapter les réponses : les questions posées correspondent aux sujets de discussion dans la cour de récréation. Mais c'est aussi un moment d'échange entre jeunes et enseignants sur des sujets considérés comme tabous par les adolescents. Ils n'imaginent pas qu'un adulte puisse réagir sans fausse pudeur à leurs questions où l'anonymat attise la crudité, parfois même la vulgarité, qui est à entendre comme une défense face à leur vulnérabilité et leurs doutes. Quel est l'enfant qui n'a pas crié dans le noir pour vaincre son angoisse ? L'adolescent aussi fait du bruit, est excessif quand il a peur, quand il ne sait pas et quand il veut se montrer « grand ». Mais l'occasion est rêvée pour l'intervenant d'avoir une réaction morale dans le sens « d'une réaction adulte qui pose les limites et rappelle l'importance du respect de soi et de l'autre » quand on parle du sexe, voire de procéder à une réprimande collective quand une question obscène, voire raciste, a déclenché l'hilarité générale.

---

1. Le contenu présenté ici est issu de l'expérience de vingt années de l'un des auteurs (IN) en matière d'information sur la sexualité dans les écoles.

La répartition du temps d'intervention est la suivante :

– Quatre-vingt-dix minutes d'exposé selon un plan précis qui permet à l'intervenant de ne rien oublier des sujets développés ci-dessous.

– Trente minutes de réponse aux questions écrites anonymement.

Il est rare que des questions soient posées en direct devant tout le monde par pudeur et par peur de soulever l'ironie et les lazzis des petits camarades. Les questions personnelles seront posées plus tard dans le colloque singulier. Il est donc important de le dire d'emblée et de préciser où les jeunes peuvent se rendre pour rencontrer un médecin ou une sage-femme à même de répondre à leurs questions très personnelles.

L'habitude a été prise de ne jamais séparer filles et garçons pour ce type d'interventions. De nombreux arguments plaident en faveur de cette formule, en particulier le fait d'entendre le même message d'information sexuelle ensemble. Comme il n'est pas question d'instaurer un dialogue personnel au cours de ce moment collectif, la mixité ne gêne en rien. Cependant, si on dispose de suffisamment d'intervenants, on peut essayer de ménager un temps en petits groupes de garçons et de filles séparés.

Un personnel adulte de l'Éducation nationale est présent et l'infirmière scolaire, si elle peut assister à l'intervention, est précieuse car elle peut reprendre en aval, avec l'un ou l'autre élève qui le souhaite, des questions personnelles soulevées ou suscitées par l'intervention.

Nous avons pris l'habitude de rencontrer les chefs d'établissement lors de l'instauration du programme, au moment où s'initie la collaboration entre Info-Ado et l'établissement. Cette information sur la sexualité entre dans le projet pédagogique du collège ou lycée et doit faire l'objet de précisions quant à la forme (rédaction anonyme de questions dans la semaine qui précède, mixité, volume horaire, aspect non facultatif de l'information, rencontre éventuelle au préalable avec les parents d'élèves pour les informer de la nature et des objectifs de l'intervention).

Il vaut mieux garder les mêmes intervenants dans les établissements au fil des années car un lien se tisse ainsi avec l'équipe pédagogique et avec les jeunes qui connaissent l'intervenant et se réjouissent d'ailleurs de sa venue. Les responsables des établissements où Info-Ado est implanté sont invités une fois par an à une réunion collective organisée par le praticien hospitalier responsable de l'unité fonctionnelle d'orthogénie pour aborder ensemble les heurs et malheurs de l'année écoulée, mais aussi les problématiques nouvelles qui se posent à l'école sur ces sujets. Cette réunion collective a lieu plutôt en fin d'année scolaire et est très appréciée des personnels. À ce titre, il est important que la forme et le fond des interventions soient assez constants dans chaque établissement d'une année sur l'autre, de sorte que les enseignants finissent par en connaître le contenu et constituent dès lors autant de relais adultes au cours de l'année auprès des jeunes.

Enfin, pour les quartiers les plus défavorisés, nous proposons que les interventions se déroulent plutôt dans une salle de classe située dans l'hôpital, proche du lieu où on peut venir en aide aux élèves. Le fait de voir l'endroit physiquement les rassure et leur permet ensuite d'y venir discrètement.

Les personnels paramédicaux qui sont le premier contact des jeunes lors de leur venue sont formés à assumer leur présentation souvent « désordonnée » : ils viennent à plusieurs, jamais pour eux-mêmes mais pour un copain, ne supportent pas d'attendre dans une salle d'attente d'où ils repartent rapidement tant leur angoisse est grande. Les rassurer par une attitude souriante, faire venir aussitôt un jeune médecin ou une sage-femme qui va les inciter à rester : autant d'attentions qui permettent de les aider au mieux.

Le positionnement de ces « points d'accueil pour les jeunes » est donc important. Le fléchage doit être précis depuis l'entrée et signalé lors des interventions en milieu scolaire, l'endroit doit être facile d'accès. La localisation d'une de ces antennes d'accueil dans les maisons des adolescents, quand il en existe une dans la ville, a l'avantage de permettre, quand c'est nécessaire, un examen par un médecin généraliste pour des jeunes qui souvent n'ont jamais eu cette opportunité. Les problèmes d'hygiène dentaire et les conséquences possibles d'addictions, voire de dépression chronique peuvent alors être pris en charge, ce qui est plus difficile dans une maternité.

Les 11 écueils de l'intervention en milieu scolaire

FAIRE UNE INTERVENTION TECHNIQUE

Le premier écueil consiste à se contenter d'une intervention exclusivement technique sur les moyens de contraception et de protection contre les infections sexuellement transmissibles. Présenter la sexualité comme étant uniquement promotrice de grossesses non souhaitées, voire de mort, par l'intermédiaire du sida, a constitué longtemps l'alpha et l'oméga d'interventions légitimées principalement par la protection des jeunes et d'ailleurs volontiers admises par les parents dans les comités de parents d'élèves des établissements scolaires. Leur arrière-pensée, parfois, était de faire peur aux jeunes pour différer, pensaient-ils, le début de leur sexualité. Or on ne diffère rien, en revanche on crée des comportements inhibés qui peuvent mettre en danger l'équilibre affectif et sexuel du jeune. Le message éducatif, s'il peut contenir des mises en garde informatives, doit dépasser le niveau purement technique et aborder les nombreuses thématiques qui intéressent les jeunes en matière de sexualité et qui sont développées ci-dessous.

PRÉSENTER DU MATÉRIEL PÉDAGOGIQUE

C'est une véritable erreur que de faire passer dans les rangs du matériel « pédagogique ». La démonstration d'utilisation d'un préservatif ne peut se faire que dans la confidentialité d'une consultation. Sans quoi, on court le risque qu'un enfant plus immature ou plus intimidé que les autres, hésitant à prendre en main tel ou tel objet, devienne la risée des autres. Attention de ne pas nuire à quelque enfant que ce soit.

FAIRE UN COURS DE SCIENCES DE LA VIE

Lors de cette intervention, il ne faut pas traiter de la physiologie sexuelle humaine car c'est le rôle des professeurs de SVT qui s'en acquittent d'ailleurs fort bien. Un intervenant extérieur qui viendrait redire le cours de SVT sur le fonctionnement des organes sexuels raterait son objectif. Ce n'est pas cela qui est attendu par les jeunes et c'est décrédibiliser l'intervention en milieu scolaire que de dupliquer simplement un enseignement qui a lieu par ailleurs. Il suffit de complémenter l'information scientifique donnée par le professeur de SVT.

CONFONDRE INFORMATION ET ÉDUCATION SEXUELLE

Pour éduquer, il faudrait, au préalable, pouvoir définir ce qu'est une sexualité normale et ce qu'est une sexualité anormale, ce qui bien sûr est impossible. Chacun d'entre nous au fil du temps finit par découvrir ce qu'il aime et ce qu'il n'aime pas en matière de sexualité. Et ce chemin de l'intime reste dans l'ombre pendant toute la vie, y compris sur le choix des « objets sexuels » qui, même eux, peuvent changer. On peut, en revanche, donner une éducation morale à un enfant et seuls les parents ont ce droit-là, même si parfois ils décident de le déléguer à des autorités religieuses qu'ils jugent plus compétentes. Le rôle privilégié des parents, c'est l'éducation à la morale. Se respecter soi-même, ne pas faire n'importe quoi de son corps, respecter l'autre, son intégrité, son sexe. Ne pas se conduire en objet, ne pas prendre l'autre pour un objet : objectifs éminents de l'éducation à la morale réservée aux parents. Mais en ce qui concerne la sexualité personne ne peut éduquer l'autre. Ou alors il faudrait admettre un droit à dire à l'autre ce qui est bien et ce qui ne l'est pas ; un exercice qui serait fortement contre-productif en entraînant souvent une réaction inverse de celle qu'on a souhaitée. On ne peut tout au plus qu'informer sur la sexualité. Le terme d'« éducation sexuelle » est donc mal approprié et pourrait valablement être abandonné au profit de celui d'« information sur la sexualité » dont le sens est plus conforme à ce qui est fait en réalité.

UTILISER DES MOTS VULGAIRES POUR FAIRE « JEUN'S »

C'est là un écueil important car il faut aborder les thèmes les plus difficiles sans tomber dans le travers de la pornographie. Les termes vulgaires ou se référant à l'argot, volontiers utilisés en matière de sexualité doivent être proscrits. Dignité et respect doivent prévaloir.

TOLÉRER LE CHAHUT

Laisser les jeunes chahuter au cours d'une intervention sur la sexualité, c'est en faire un « happening » où l'indignité le disputera à la grossièreté. La discipline doit être imposée ici plus que dans d'autres cours, dès le début de l'intervention. Il faut d'ailleurs régler la taille de l'auditoire à la possibilité de le maîtriser de ce point de vue. Dans certains établissements scolaires plus difficiles, il peut y avoir nécessité à prendre les élèves par petits groupes en multipliant les interventions, alors que dans d'autres, où la discipline d'écoute est plus facile à obtenir, des groupes plus conséquents peuvent être réunis pour optimiser les moyens en intervenants.

FAIRE L'INTERVENTION EN L'ABSENCE D'UN PERSONNEL DE L'ÉTABLISSEMENT

Ce serait une erreur, d'ailleurs en contradiction avec les règles de l'Éducation nationale. L'intervention en milieu scolaire s'effectue soit en présence du professeur qui devait donner son cours à ce moment-là, soit, quand c'est possible, en présence de l'infirmière scolaire de l'établissement qui sera un recours possible ultérieur car des questions peuvent se poser lorsque l'intervenant ne sera plus là pour y répondre. Il n'est pas rare que des professeurs, qui souhaitent constituer un relais pour les élèves, demandent à être présents et ils sont bien sûr les bienvenus.

EXPRIMER UN JUGEMENT

Porter un quelconque jugement sur une modalité sexuelle – la situation se présente souvent lors de la lecture des questions posées anonymement –, c'est risquer de se discréditer en mettant en avant exclusivement ses propres habitudes sexuelles. Par exemple, il n'est pas rare que des questions soient posées sur la possibilité d'avoir des rapports sexuels à plus de deux partenaires. Les « promenades » sur Internet ont vite fait de renseigner les jeunes sur tous les possibles. La réponse ne peut en aucun cas ressortir de la condamnation morale. Les intervenants doivent donc être préparés à cette neutralité sans jugement, y compris sur des pratiques qui leur sont totalement étrangères.

LAISSER LA PAROLE AUX JEUNES PENDANT L'INTERVENTION

Là encore, cela constitue sans doute une véritable erreur pour deux raisons. La première, c'est que la trace que laissera dans le souvenir des camarades de classe une question trop personnelle est toujours sous-évaluée par le jeune au moment où il lève le doigt. Il peut, sans s'en rendre compte, se mettre dans une situation de moquerie qui peut durer des années. Rien de plus personnel que la sexualité. Et c'est à l'intervenant de le protéger de ce risque. Les questions posées dévoilent, beaucoup plus qu'elles n'en ont l'air, des éléments de l'intimité. La seconde raison tient à la dynamique de l'intervention en milieu scolaire où une question peut déstabiliser un intervenant et donner l'impression d'une fragilité qui bien sûr sera exploitée au détriment de toute la séance. Les questions orales ne doivent donc pas être favorisées, alors que les questions écrites et anonymes sont fort utiles.

NE PAS PROPOSER DE LIEU D'EXPRESSION

Ne pas indiquer un endroit où cette parole sera possible constitue également un écueil dommageable. Les jeunes doivent savoir où se rendre pour poser leurs questions personnelles. La confidentialité d'une consultation est le seul cadre acceptable pour dire ses peurs, ses angoisses, ses obsessions. Un des rôles de l'intervenant est de fournir la liste des lieux où les jeunes pourront se rendre : les centres hospitaliers d'orthogénie, les centres de planning familial et les centres de planification, voire les maisons des adolescents à condition qu'ils soient dotés d'intervenants compétents. Encore faut-il que l'infirmière scolaire affiche sur son local (car elle ne peut être présente tout le temps) l'adresse de ces lieux et les horaires où une consultation sera possible.

NE PAS SOLLICITER LE RECTORAT

Organiser les interventions sans l'autorisation du rectorat, qui a la responsabilité finale de ce qui se passe dans les écoles, constitue une erreur doublée d'un manque de tact. Le médecin inspecteur de l'académie doit savoir qu'un programme d'information à la sexualité est en cours et doit donner son aval après en avoir vérifié la qualité. Dans l'idéal, ce devrait être aux rectorats d'organiser ce type d'interventions et de vérifier que tous les enfants ont pu en bénéficier. Ils devraient également s'enquérir auprès des établissements scolaires des ressources dont ils disposent pour ces interventions. Une orientation pour la puissance publique consiste à faire appliquer la loi de 2001 partout en France. Si cette loi n'est pas appliquée et si personne ne prévoit de la faire appliquer, autant l'abroger.

Pourquoi des intervenants extérieurs ?

Cette question est souvent posée par des parents responsables qui estiment devoir maîtriser les informations données à leurs enfants dans un domaine aussi sensible. Cette préoccupation louable vise en fait à les protéger, autant que faire se peut, d'informations qui leur paraîtraient dégradantes, voire immorales. L'objectif est de conserver le plus longtemps possible la naïveté inhérente à l'enfance et de retarder la mise au contact d'une société où le sexe est galvaudé et souvent sali. Certaines fédérations de parents d'élèves ont exprimé leur souci de ce point de vue et il est légitime.

Mais, à l'heure d'Internet et d'une pornographie qui s'insinue jusque dans les publicités « grand public » sur les murs de nos villes, la protection des enfants doit changer de nature. La censure qui pouvait avoir une certaine efficacité par le passé est rendue totalement ridicule par la prolifération des médias dont disposent nos jeunes. La censure ne marche plus.

« Un enfant laissé seul devant des films X n'est pas forcément informé : voir, ce n'est pas comprendre. Et même lorsqu'il semble manier précocement un vocabulaire sexuel assez élaboré, rien ne dit qu'il en maîtrise la signification[1]. » Protéger correctement nos enfants, c'est parler avec eux. La parole des adultes est malheureusement absente aujourd'hui alors que l'image est partout. Il ne s'agit pas ici de faire acte de pruderie exacerbée. Si la pornographie peut être utilisée sans dommage par des adultes quel qu'en soit l'objectif, elle ne doit pas constituer la première information sexuelle d'un enfant ou d'un adolescent. La force des images peut être dévastatrice. Elle vient s'imposer au jeune comme une norme. Et comment la remettrait-il en question ? Ce sont des images ; c'est du vrai. La prise de distance qu'opère instinctivement un adulte face à ces images est ici impossible. Le message vient s'imposer avec une force redoutable installant la norme à rechercher et à atteindre.

Puisque la censure est vouée à l'échec et qu'en fait aucun d'entre nous ne souhaite assister à des projections pornographiques avec les jeunes pour en faire le commentaire extemporanément, la seule solution réside dans une information à la sexualité, précoce et bien faite. Autrement dit, les immuniser contre des images qu'ils vont voir, immanquablement. Il serait d'ailleurs logique que cette parole des adultes survienne assez tôt dans la scolarité. Les Hollandais et les Canadiens ont formé les maîtres des écoles qui, aidés de documents audiovisuels de type dessins animés, abordent les questions de la différence des sexes, du respect mutuel et de l'amour entre les êtres humains, dès l'âge de 4 ans, puis développent un programme spécifique

1. Morel Cinq-Mars J., *Quand la pudeur prend corps*, Paris, PUF, « Partage du savoir », 2002.

pour chaque classe d'âge. Un exemple à suivre si on ne veut pas que la seule information à la sexualité dont disposent nos enfants se résume aux films pornographiques qu'ils auront été obligés de regarder pour éviter les moqueries de leurs petits camarades.

Les parents sont bien placés dans la petite enfance. Dès que l'âge avance, dès que la pudeur s'installe, dès que les premiers émois amoureux apparaissent, leur place devient plus difficile, quelles que soient leur ouverture d'esprit et leur habileté à conserver du lien avec leurs enfants, domaine où nous sommes très inégaux. Il y a deux raisons qui expliquent que les parents sont en définitive mal placés pour aborder les questions de sexualité avec leurs enfants au moment où ce serait pourtant le plus utile :

– Parler de sexualité, pour les parents, c'est peu ou prou dévoiler un peu de leur propre sexualité involontairement. Or s'il y a une chose qui rebute profondément les enfants, c'est d'être confronté, d'une manière ou d'une autre, à des informations sur la sexualité de leurs parents. Le dilemme « curiosité-dégoût » est ici majeur.

– Mais l'argument principal se trouve ailleurs. Pour un enfant, il est hors de question de risquer de décevoir ses parents. Or la sexualité, en ouvrant la porte des sentiments à de nouvelles personnes que les parents (qui étaient jusque-là les seuls destinataires de cet amour sans limites), donne l'impression aux jeunes d'être à l'origine d'une sorte de tromperie amoureuse. Ils découvrent Éros et le confondent avec Philia. Ils craignent le jugement des parents, ils craignent de les décevoir. Ils cherchent à les protéger. Ils les laissent penser que leur fils ou leur fille est toujours leur bébé, comme autrefois. Rien n'a changé alors que, en fait, tout change. C'est pourquoi les parents sont si souvent en retard dans la compréhension du début de la sexualité de leur enfant. Même les amis de la famille voient et comprennent tout au premier coup d'œil alors que les parents prolongent avec une nostalgie inconsciente l'image naïve de leurs enfants.

Le paradoxe, c'est qu'au moment où les enfants ont le plus besoin de la protection des parents pour éviter les écueils qui jalonnent leur nouvelle route, ils éprouvent un besoin impérieux de les tenir hors du jeu et de les disqualifier. Quelques années plus tard, le dialogue pourra à nouveau se réinstaurer mais là, tout de suite, c'est impensable. On peut donc dire que des parents, même très ouverts au dialogue avec leur enfant, se voient le plus souvent mis à l'écart des premiers pas sexuels. Cela est normal et ne signe nullement une quelconque défaillance de leur éducation. Irremplaçables pour l'éducation à la morale, bien en amont, ils ont besoin d'un relais et de l'aide de tiers au moment des premiers émois de leurs enfants dans le monde des adultes.

Il n'est pas rare de rencontrer dans les consultations des mères qui affirment haut et fort : « Vous savez, ma fille et moi, on se dit tout. » Soit elles se trompent lourdement et cela se voit d'ailleurs dans l'œil un tantinet espiègle de la jeune fille. Soit elles ont raison et c'est inquiétant. Une fille qui dirait tout à sa mère de ses émois et de ce qu'elle fait de son corps signerait une relation pathologique avec elle. Les parents ne peuvent et ne doivent pas tout savoir dans ce domaine, même s'ils le font pour le bien de leur enfant qui pour la première fois de sa vie entre dans un champ où il sera seul et dans le secret. « La génération antérieure n'a pas à se mêler de la sexualité de la génération suivante et *vice versa*[1] », écrivait Françoise Dolto. Un conseil salutaire lié au fait que : « Dans le processus que vit l'adolescent d'individuation et de séparation d'avec les parents, la sexualité joue un rôle majeur[2]. »

Est-ce que cette aide extérieure pourrait venir des professeurs ? La réponse est globalement négative. Car les professeurs sont des « pro-parents » : ils sont investis par les parents pour éduquer leurs enfants dans des domaines précis en leurs lieu et place. Ils jugent et ils notent leurs élèves. Ils ont, comme les parents, une relation hiérarchique avec l'enfant. Ils ne peuvent pas bénéficier de la complicité nécessaire à ce moment-là de la vie et leur éviter les écueils possibles. Et si certains professeurs avaient à l'évidence la compétence pour aborder ces sujets avec leurs élèves, il semble bien que cela doive être évité pour qu'il n'y ait pas de confusion des rôles. S'ils prennent cette place, ce devrait être plutôt avec d'autres classes que les leurs. En revanche, constituer un relais adulte après une intervention est

1. Dolto F., Dolto-Tolitsch C., *Paroles pour adolescents. Le complexe du homard*, Paris, Hatier, 1989.

2. Marzano M., Rozier C., *Alice au pays du porno*, *op. cit.*

une excellente solution pour parer aux problèmes en cas d'urgence.

Si ce ne sont ni les parents ni les professeurs qui peuvent assurer ce type d'intervention, reste le recours à des professionnels de santé formés et validés pour cela. Les médecins généralistes et spécialistes qui devraient tous être formés au cours de leurs études sont avec les sages-femmes, les infirmières scolaires et les conseillères conjugales, les mieux placés pour réaliser dans de bonnes conditions ce type d'intervention. La formation en est facile pour qui dispose des bases élémentaires de médecine. Mais il n'est pas impossible d'enrôler d'autres personnes qui prendront simplement plus de temps pour se former.

Le système de formation utilisé pour Info-Ado est celui du compagnonnage. Après avoir assisté à quelques séances par des intervenants différents, le futur intervenant échange sa place avec le formateur, qui se met au fond de la classe. Cela lui permet de se faire aider en cas de difficulté. Le tuteur peut aussi authentifier une véritable compétence et donner le feu vert pour intervenir seul. Ce qui retient médecins et sages-femmes de participer à ces interventions, c'est le fait de n'avoir pas été formés. Les externes en médecine se voient donc proposer d'y assister au moins une fois et les internes participent véritablement au programme d'information à la sexualité. La seule clause qui puisse donner dispense est le malaise qu'éprouverait l'un ou l'autre à parler de sexualité alors qu'il ne se sent pas au fait avec la sienne propre. Sans être obligatoire, cette participation est néanmoins fortement recommandée à ceux qui souhaitent exercer plus tard le métier de gynécologue. Il existe un polycopié à l'usage des intervenants en milieu scolaire qui permet de se mettre le plan de l'intervention en tête avant d'être physiquement devant une classe.

Les médecins et sages-femmes qui interviennent à partir du secteur public le font sur leurs heures de travail. Cela ajoute à la diversité de leur activité et, quel que soit le temps qu'ils souhaitent individuellement consacrer à ce type de programme, ils le font généralement avec grand plaisir. Éviter des grossesses non souhaitées à des jeunes femmes est un travail toujours satisfaisant car utile.

Les médecins et sages-femmes qui travaillent dans le secteur libéral devraient se voir rémunérer sur une base de 6 C ou 6 SF de l'heure du fait qu'ils ferment leur cabinet pour effectuer ce travail de prévention. Le bénévolat a toujours sa limite dans le temps. Des « réseaux de prévention en santé sexuelle », placés sous la houlette des centres de planification, des centres de planning familial, des maisons des adolescents ou de médecins ou sages-femmes volontaires pourraient couvrir le territoire et gérer les émoluments des personnels de santé qui assument les interventions en milieu scolaire, après en avoir assuré la coordination. Ces réseaux pourraient d'ailleurs gérer les statistiques de grossesses chez les mineures dans le territoire qu'ils couvrent et enrayer les éventuels dysfonctionnements spécifiques locaux.

L'organisation est possible en zone rurale autour d'un médecin qui assume la coordination du réseau. Il lui faut s'entourer de personnes qui acceptent de se former à l'intervention en milieu scolaire, de donner du temps à un tel programme (ce qui justifie rémunération). Doivent être intégrés dans ces réseaux, les responsables des établissements scolaires et leurs infirmières ainsi que les pharmaciens du secteur. Un tel réseau fonctionne depuis huit ans dans la vallée de la Bruche sous la coordination du Dr Jacques Machu[1]. Les résultats montrent une baisse significative des IVG. Restent les grossesses issues de conduites à risque avec une volonté évidente de se mettre en danger. Mais tous les jeunes scolarisés dans le secteur savent qu'en s'adressant aux intervenants qu'ils ont vus en classe, ils ne seront pas examinés, n'auront rien à payer et ne seront pas jugés. Les médecins sont payés de leurs consultations directement par la CPAM sans information des parents. Les pharmaciens qui identifient les ordonnances de ce réseau ne délivrent pas les produits au comptoir où la confidentialité en milieu rural est insuffisante. Les préservatifs et les contraceptifs lui seront entièrement remboursés par la CPAM qui sait donc avec précision ce que lui coûte le dispositif. Cette manière de faire utilise les personnels de santé déjà en place et n'ajoute pas une structure supplémentaire au « millefeuille sanitaire ».

1. Fonctionnement décrit plus haut.

Ce que propose Info-Ado en classe de troisième

Les intervenants en milieu scolaire doivent d'entrée de jeu annoncer leur objectif principal : « apprendre à traverser la rue sans se faire renverser ». Un objectif plus difficile à atteindre en matière de sexualité dont on ne peut pas bien parler avec les parents et dont les informations obtenues par copains interposés sont toujours douteuses. Leur donner de bonnes informations et leur indiquer où ils peuvent trouver un recours anonyme, gratuit et sans examen physique, voilà le premier objectif.

Après s'être présenté, il est utile d'annoncer le plan de l'intervention. Voici, à titre d'exemple, un contenu possible pour une classe de troisième. Loin de vouloir suggérer une uniformité des interventions, d'autant que chaque intervenant aura son style personnel, un certain nombre de thèmes doivent être abordés si on ne souhaite pas omettre des sujets d'intérêt pour les jeunes.

Plan proposé par Info-Ado pour une intervention en troisième

- Quelques généralités sur la vie affective et sexuelle.
- Les deux difficultés que l'on peut rencontrer :
  - les grossesses non souhaitées ;
  - les infections sexuellement transmissibles.
- Les attirances sexuelles avec pour exemple l'homosexualité. D'où vient-elle ? Qui est homosexuel ? Est-ce une maladie ? L'homophobie.
- La masturbation. Est-elle nocive ? La culpabilité et les interdits sexuels.
- La jouissance sexuelle et l'orgasme.
- La virginité des garçons et des filles.
- Les violences sexuelles.
- Les abus sexuels et l'inceste.

Puis réponses aux questions écrites dans le temps encore disponible.

QUELQUES GÉNÉRALITÉS SUR LA VIE AFFECTIVE ET SEXUELLE

Elles vont sans dire. Mais c'est encore mieux en les disant. Ces généralités font partie de l'éducation des jeunes. Elles permettent d'adresser des messages sur les comportements dans les relations entre hommes et femmes dont tous les enfants présents ne disposeront pas forcément à la table familiale.

« Il n'y a pas de sexualité à proprement parler chez les animaux »

L'incrédulité est immédiate. « On les a bien vus, les pigeons, ce qu'ils font sur les gouttières. » Il est très important de séparer la génitalité qui se passe de langage et dont l'objectif unique est la reproduction après une série de comportements automatiques et instinctifs, de la sexualité qui implique le langage et des comportements non automatiques, individuels, non en rapport avec la reproduction. Avancer que l'espèce humaine est la seule dont les individus se parlent, mais aussi rêvent les uns des autres sans oser se le dire, fantasment les uns sur les autres, se promènent main dans la main, s'embrassent et font l'amour en dehors d'un objectif de reproduction, simplement pour le plaisir, c'est un positionnement culturel important. La sexualité est fille du langage. Pas de comparaison possible avec les animaux qui ne parlent pas, même si les plus évolués communiquent entre eux. Communiquer n'est pas parler et la différence principale, c'est que cela ne donne pas accès aux choses abstraites, comme ce qui est bien et ce qui est mal.

Deux exemples permettent, entre les lignes, de préciser des choses importantes : les femelles gravides du monde animal n'acceptent pas le mâle et d'ailleurs ne l'attirent pas. Les femmes enceintes continuent d'avoir des rapports sexuels tout au long de la grossesse. À la ménopause, alors qu'il n'y a plus de fécondité, les femmes continuent d'avoir une vie sexuelle aussi riche qu'auparavant alors que les animaux ne copulent pas quand il y a infécondité. On peut donc dire que les humains sont les seuls à faire l'amour uniquement pour le plaisir dans leurs relations affectives. Si la reproduction existe aussi pour eux (sans quoi on ne serait pas là pour en parler), elle n'est au premier plan que lors des projets d'enfant pendant quelques années puis redevient secondaire tout au long de la vie, entièrement marquée par un immense phénomène, spécifique de l'humain, qu'on appelle sexualité.

Laisser entendre que les humains sont les seuls capables de dire « Je t'aime » et que cela change la nature de leurs rapports, marqués par le rêve, l'idéalisation, le fantasme, les enjeux de pouvoir, c'est définir la sexualité dans l'ordre des rapports humains, dans les relations affectives, et non dans l'ordre des événements physiologiques tels que boire et manger qui ne sont que des besoins et n'ont rien à voir avec le désir qui lui est si mystérieux.

Ta sexualité, c'est « perso »

Façon de dire, à la manière des jeunes, qu'ils ont non seulement le droit au secret face à leurs parents mais aussi l'obligation du secret d'une relation face à leurs copains. Les parents ont leur sexualité et elle ne regarde pas les enfants. Les adolescents ont la leur et elle ne regarde pas les parents... Ni les camarades ! Le contenu des rêves, les fantasmes, la masturbation ou une liaison débutante sont de l'ordre de la vie privée et même si les parents estiment que, pour protéger leur enfant, ils ont le droit de savoir, il n'en est rien. On peut avoir envie de dévoiler une liaison, mais on peut aussi estimer que ce n'est pas le bon moment. Chacun sa vie et, pour la première fois de l'histoire de l'adolescent, ce qui lui arrive est totalement personnel et privé. C'est pourquoi l'État autorise que la contraception puisse être prescrite en dehors des parents et qu'il a même franchi le pas en ce qui concerne l'IVG. Le pouvoir des parents sur leur enfant a donc sa limite et cette limite c'est la sexualité de leur enfant.

Mais, face aux copains, à l'ère de la « porno-réalité » où chacun dit tout de sa vie privée et l'expose même à la télé, il faut aussi enseigner discrétion et réserve. Si chacun aime entendre les histoires croustillantes des autres, il faut rappeler ici deux choses : on n'est pas entièrement propriétaire d'une histoire qui se déroule à deux et la révéler dans tous ses détails, c'est manquer de respect à l'autre ; c'est aussi se faire mépriser par ceux qui vous écoutent plus qu'attentivement. Raconter les détails sexuels d'une liaison, c'est en quelque sorte se déshabiller en public, c'est manquer de pudeur et bien que l'on soit écouté avec curiosité, on est dans le même temps méprisé par ceux-là mêmes qui vous écoutent. On méprise toujours ceux qui ne savent pas conserver leur jardin au secret.

Il n'y a pas de norme médicale en matière de sexualité

Bien que les médecins aient mis des normes sur tout, comme les livres de médecine en attestent, (la taille, le poids, le taux de cholestérol, etc.), il n'y a aucune norme médicale en matière de sexualité. Pour être plus clair, on peut prendre quelques exemples extrêmes et regarder ce qu'en dit la médecine :

– Premier rapport à 14 ans : normal, pas normal ? Normal pour la médecine.

– Premier rapport à 22 ans : normal, pas normal ? Normal pour les médecins.

– Trois rapports par jour : normal, pas normal ? Normal.

– Et un rapport par an ou pas de rapport du tout ? Normal aussi.

– Un rapport en 3 minutes : normal, pas normal ? Normal.

– Et un rapport en 3 heures ? Normal aussi.

On peut dire que, pour la médecine, tout est normal en matière de sexualité.

Or il y a tout de même une sexualité anormale (les oreilles se dressent), et c'est la société au travers de la justice qui la définit : est anormal tout rapport qui se fait sans le consentement valide des deux partenaires. Pourquoi valide ? Parce qu'une fille ne peut pas dire « oui » à son père. Si un rapport sexuel a lieu entre une fille et son père, cela porte un nom, l'inceste, qui est puni par la loi comme un crime. Et si l'un des deux n'est pas d'accord, cela s'appelle un viol, également puni comme un crime par la justice.

Cette partie permet d'insister sur ce qu'est le consentement. Une femme peut s'habiller de manière provocante sans que cela veuille dire qu'elle est consentante et une autre peut être consentante pour un baiser mais pas pour faire l'amour. Passer outre, c'est courir le risque de détruire sa vie et celle de l'autre par là même. Le consentement vaut même pour le mari qui ne peut s'en dispenser au risque de faire un séjour en prison. Le consentement est donc premier et tout ce qui se passe entre deux personnes consentantes est considéré comme normal par la justice. Cela peut d'ailleurs s'illustrer par un aparté sur le sadomasochisme : deux personnes qui se mettent d'accord pour tel ou tel scénario, c'est normal pour la justice. Car elles sont consentantes toutes les deux. C'est leur vie et leurs secrets.

L'absence de norme en matière de sexualité crée une différence avec un autre cours (de SVT par exemple). Dans un cours, le professeur sait mieux que l'élève et peut faire une interrogation écrite pour voir si la leçon a été bien comprise et bien apprise. En matière de sexualité, il n'en va pas de même. Chacun a la sienne qui ne regarde personne d'autre. Chacun découvre au fil de sa vie son corps, le corps de l'autre, ce qu'il aime et ce qu'il ne souhaite pas. Rien de plus personnel. Rien de plus secret. Pas d'éducation possible dans ce domaine, tout au plus de l'information.

On peut dire, pour conclure ces généralités sur la sexualité, qu'elle constitue le plus beau cadeau jamais reçu par chacun d'entre nous. De Dieu pour les croyants, du grand architecte de l'Univers pour les non-croyants, en tout cas un cadeau magnifique que l'on déballe d'ailleurs tout au long de sa vie. Et la particularité de ce cadeau, c'est qu'il génère de l'angoisse quand on le déballe. Tout le monde a de l'angoisse à propos de sa propre sexualité. Même ceux qui ont tellement de muscles sous les bras qu'ils ne peuvent pas les rapprocher du corps dans la cour de récréation… Encore plus que les autres. Même les personnes âgées continuent d'avoir de l'angoisse à propos de leur sexualité : « Suis-je encore capable de procurer du plaisir à mon compagnon ou à ma compagne ? Suis-je encore capable de jouir ? » Les mêmes interrogations qu'à l'adolescence. Et c'est bien parce que le sujet est anxiogène qu'il est si difficile d'en parler et que certains se réfugient en rougissant dans le rire ou dans le chahut.

LA PREMIÈRE DIFFICULTÉ RENCONTRÉE EN DÉBUT DE SEXUALITÉ : LA GROSSESSE NON SOUHAITÉE

Elles justifient à elles seules l'intervention en milieu scolaire, car chaque semaine, des dizaines de jeunes femmes, partout en France, se rendent dans les hôpitaux pour demander que soit réalisée sur elles une interruption volontaire de la grossesse (IVG).

L'importance de la loi sur l'IVG de 1975

Une explication sur l'IVG est à ce stade indispensable. Il s'agit de rappeler qu'avant la loi de 1975, de nombreuses femmes mouraient chaque année (près de 300 par an en France) après s'être fait injecter de l'eau savonneuse dans l'utérus pour avorter. Leur mort se faisait de surcroît dans la douleur et rien, surtout pas le simple fait d'avoir été amoureuse d'un garçon, ne pouvait justifier un tel drame. La France a courageusement décidé que cette situation ne pouvait plus durer et que toute femme qui refusait absolument sa grossesse pouvait jusqu'à un certain stade l'interrompre. Cette loi a donc sauvé de la mort de très nombreuses femmes, mais elle les a aussi préservées de séquelles physiques à vie qui n'étaient pas rares quand les IVG étaient faites de manière non médicale. Rien que pour cela, on peut dire merci à ceux qui, dans la difficulté, ont voté cette loi. Depuis le 23 janvier 1975, pratiquement plus aucune femme n'est morte en France à la suite d'une IVG. L'IVG peut être réalisée jusqu'à la fin du troisième mois de grossesse soit quatorze semaines après les dernières règles.

Si, aujourd'hui, l'IVG ne tue plus, elle demeure cependant lourde de conséquences pour les femmes et tout particulièrement pour les plus jeunes. Chaque médecin rencontre des femmes qui cinq ans, dix ans après une IVG la relatent encore comme un événement difficile de leur vie. Et, quand se produit un accident sur une grossesse ultérieure, par exemple une fausse couche, la culpabilité n'est jamais loin qui conduit à se demander à mi-voix si l'IVG de sa jeunesse n'en serait pas par hasard responsable. *A fortiori*, quand le problème est plus grave.

On peut d'ailleurs comprendre que passer en salle d'opération ou même prendre des médicaments pour expulser un fœtus est un moment qu'aucune femme ne vit dans la légèreté et dans l'insouciance, même si, aujourd'hui, pratiquement partout l'accueil des personnels médicaux est déculpabilisant. À tout le moins, éviter cela si c'est possible semble être la meilleure option, dont nos grands-mères ne disposaient pas. Chaque fois qu'elles faisaient l'amour, elles risquaient d'être enceintes. Car on n'avait pas encore trouvé le moyen de dissocier la reproduction de la sexualité.

Les avantages de la contraception

Aujourd'hui, c'est chose faite. Ces moyens, nombreux, sont regroupés sous le vocable de « contraception », car ils évitent de concevoir un enfant quand on ne le souhaite pas. Il y a différents moyens de contraception et chaque femme est amenée à faire un choix avec son médecin entre une contraception orale à laquelle il faut penser tous les jours, des timbres qu'il faut changer toutes les semaines, des anneaux vaginaux que l'on renouvelle une fois par mois, l'implant valable pendant trois ans et le stérilet qui lui peut rester dans l'utérus pendant cinq ans.

L'examen gynécologique n'est pas nécessaire pour obtenir une contraception. En l'absence de symptôme, il n'est pas indispensable de se faire examiner avant l'âge de 20 ans et il faut savoir le rappeler à un médecin trop scrupuleux qui a l'obligation d'admettre ce refus tout en prescrivant tout de même une contraception.

Le médecin qui prescrit une contraception va poser des questions sur les maladies qui existent dans la famille pour essayer de prescrire avec le moins de risque possible, mais il faut savoir que la contraception orale, loin d'être néfaste pour la santé, comporte de nombreux avantages en plus d'éviter les grossesses : elle diminue les douleurs abdominales pendant les règles et fait même disparaître l'acné quand il y en a. Aucune raison de santé ne peut interdire une contraception, quelle qu'elle soit, et on peut dire que, pour chaque femme, pour chaque période de sa vie, il y a une solution contraceptive adaptée. C'est pourquoi il faut un médecin pour la prescrire initialement : c'est l'assurance du meilleur choix pour une personne donnée.

Si beaucoup de jeunes femmes ont aujourd'hui encore souvent recours à l'IVG, c'est qu'il y a de nombreuses circonstances où la contraception n'est pas utilisée. Nos grands-mères pourraient être jalouses des moyens dont nous disposons aujourd'hui et ne comprendraient pas que nous ne les utilisions pas.

Les idées fausses sur la contraception

En fait, beaucoup de fausses notions demeurent dans la tête des jeunes au sujet de la contraception :

– « Les premiers rapports, on ne risque rien. » Eh bien si, on risque dès le premier rapport.

– « Pendant les règles on ne risque rien. » Eh si, même pendant les règles, une grossesse peut débuter.

– « Si le garçon se retire pour éjaculer, il n'y a pas de risque. » C'est faux. La preuve, les garçons la connaissent qui savent bien qu'après quelques minutes d'érection ils ont quelque chose de glissant au bout de la verge. Et c'est bien une goutte de sperme. Alors même qu'ils n'ont pas encore éjaculé, il y a déjà une goutte de sperme à l'extérieur et en quantité suffisante pour initier une grossesse. Le retrait ne sert donc à rien.

– « S'il n'y a pas de pénétration, il n'y a pas de risque. » C'est faux aussi. À un âge où la fécondité est aussi élevée, il suffit que du sperme se répande sur la vulve, à l'extérieur de celle-ci, au cours de caresses pour qu'une grossesse puisse survenir.

– « Si on utilise un préservatif seul, pas de risque. » Pas de risque d'infection sexuellement transmissible. Mais pour que le préservatif soit une contraception efficace, il faut qu'il soit très bien utilisé, ce qui est rare chez les jeunes qui manquent, et c'est normal, d'expérience.

– « La pilule, ça fait grossir, ça donne le cancer et ça rend stérile. » Faux, faux, trois fois faux. Et si certains médias avalisent la nocivité de la contraception, force est de dire qu'ils omettent les nuisances qu'induirait son absence de recours tout comme ils négligent les avantages chiffrés de la contraception dans les domaines du cancer en particulier.

– « On ne peut pas prendre de contraception quand on fume. » Faux. Il y a toujours une solution contraceptive adaptée même lorsqu'on fume et même lorsqu'il y a de vraies contre-indications médicales.

L'insuffisance de connaissances est donc très présente et doit être combattue par l'information apportée à l'école.

Alors quelle information donner sur la contraception ?

Elle est prescrite par un médecin qui ne fait pas payer sa consultation et qui ne fait pas d'examen gynécologique. On peut l'obtenir gratuitement en pharmacie jusqu'à 18 ans et sous condition de ressources au-delà. Et personne ne peut en informer les parents sauf la jeune femme elle-même, quand elle le souhaitera et pas avant.

À partir de quand faut-il utiliser une contraception ?

Réponse : il faut prendre une contraception à partir du moment où on se sent amoureuse d'un garçon, même si on pense ne pas être prête à faire l'amour avec lui et même s'il n'est pas prêt non plus. Il est en effet impossible, dans une relation affective, de savoir si elle débouchera sur des rapports sexuels et si oui quand. Compte tenu de cette donne, eu égard au fait qu'on ne se donne pas rendez-vous pour le premier rapport mais qu'il survient de manière imprévisible, on prend une contraception quand on se promène main dans la main avec un garçon. Pour ne pas être prise au dépourvu le moment venu. Et le fait de prendre une contraception n'engage à rien. Il vaut mieux prendre une contraception pendant un an sans rapports plutôt que d'avoir un rapport sans contraception.

À partir de quand peut-on faire l'amour ?

Quand on en a envie soi-même, quel que soit l'âge où cela se produit. Mais sûrement pas juste pour faire plaisir à un garçon qui prétend s'en aller si on n'obtempère pas. Répondre positivement à un tel chantage augure mal de la suite de la relation et peut donner une vive impression de dépréciation de soi-même. Encore moins pour faire comme les copines dans une sorte de compétition stupide du « qui l'aura fait en premier ». Le début de la relation c'est de se respecter soi-même et de respecter l'autre. Sans quoi rien n'est possible, durablement.

Et les garçons dans tout ça ?

« Pourquoi la contraception ne repose-t-elle que sur les épaules des filles ? On fait bien l'amour à deux. Alors pourquoi cette injustice ? »

Il y a deux sortes de garçons, pourrait-on répondre à ce questionnement : les « bons » et les « mauvais ». Et les filles devraient vérifier si leur petit copain fait partie de l'une ou de l'autre catégorie.

Que disent les « mauvais » ? Ils s'en lavent les mains en cas de grossesse ; ce n'est pas leur problème ; ils seront loin. Cette attitude porte un nom : irresponsabilité et, mauvaise nouvelle pour les filles, il y a malheureusement beaucoup de garçons irresponsables.

Que disent les « bons » ? Que leur amour attise leur désir, qu'ils ont envie d'avoir des rapports sexuels, mais pas de faire un enfant sans y avoir réfléchi alors qu'ils sont aussi jeunes. Et ils questionnent la fille sur les moyens à mettre en œuvre ensemble pour la contraception. Les bons sont tout au plus des « copilotes », car le pilote, pour la contraception, c'est la fille. Et, comme dans un avion, il n'y a pas deux pilotes, sinon il se poserait sur le ventre, chacun pensant que l'autre va déployer le train d'atterrissage.

Quoi qu'il en soit, les garçons ne sont jamais « enceints » et les défauts éventuels de la contraception retombent exclusivement sur les épaules des filles. Faire confiance aux garçons ? Une phrase désormais non pertinente. D'ailleurs, peut-on confier sa peau à quelqu'un d'autre ? Non, même si on l'aime. De plus, le fait de pouvoir choisir avec qui et quand on fait un enfant, pouvoir réservé aux filles, est assorti d'un devoir, celui de veiller à sa contraception.

En cas d'urgence ou de doute

Les infirmières scolaires disposent de la contraception d'urgence à laquelle on peut avoir recours si un rapport totalement imprévu a eu lieu. Elle est d'autant plus efficace qu'elle est prise rapidement après le rapport sexuel. Mais après, puisque ce genre de chose peut se produire, on prend une vraie contraception pour disposer de la meilleure efficacité et ne pas revivre le stress.

Il faut évoquer la rapidité de consultation en cas de doute : le mieux, en cas de grossesse, est de pouvoir bénéficier d'un avortement le plus rapide possible. Ne pas attendre à l'infini que les règles reviennent, sous peine de dépasser le délai de la possibilité d'une IVG, qui est, rappelons-le, de douze semaines.

La situation particulière des femmes qui ne se pensent pas capables de prendre une pilule tous les jours peut se régler grâce à l'implant sous-cutané valable pendant trois ans. Il a un avantage supplémentaire, c'est sa discrétion absolue. Pour celles qui vivent dans des familles où la sexualité avant le mariage est impensable, le risque que l'on découvre les plaquettes de pilules est grand et l'obligation de les cacher augmente le risque d'oubli. Les effets secondaires, de type saignement intempestif, s'ils sont annoncés, sont supportables et valent bien l'avantage d'avoir une contraception totalement discrète. Informer les jeunes de l'existence de cette solution, c'est leur permettre de la demander, si elle leur convient. Quand une jeune femme quitte le médecin avec un implant, c'est l'assurance qu'il n'y aura pas de grossesse par oubli de prise ou interruption intempestive du traitement.

Pourquoi pas un enfant maintenant ?

Le dernier point à envisager tourne autour du fait de faire un enfant. « Pourquoi pas un enfant à cet âge ? » La rencontre de jeunes filles de 15 ans qui veulent poursuivre leur grossesse pour « avoir quelqu'un à aimer » permet d'énoncer les conditions requises pour faire un enfant. Celui-ci doit pouvoir disposer de deux parents ensemble longtemps qui lui donneront tout ce dont il a besoin pendant au moins vingt ans. Ces besoins ne peuvent donc pas être satisfaits par une adolescente, quelle que soit sa maturité. La grossesse d'une adolescente correspond à une interruption involontaire de l'adolescence et constitue souvent une mauvaise réponse à une situation psychique ou sociale difficile. De surcroît, le sort de l'enfant est critique du fait de la déscolarisation de sa mère. Dans certaines familles, cela se reproduit à chaque génération, pérennisant ainsi le cycle de la pauvreté.

Facile donc de trouver un petit copain. Difficile, en revanche, de trouver quelqu'un d'assez bien pour faire un enfant. Car, pour les besoins de ce dernier, il faudra que les parents restent ensemble longtemps, parfois bien au-delà de l'amour. La fréquence grandissante des femmes qui élèvent seules un enfant atteste de ce que les hommes parfois n'attachent pas grande valeur à l'engagement qu'ils ont pris lors de la décision de faire un enfant. Même s'il y a beaucoup de couples séparés, il n'y a aucun enfant qui ne préférerait pas avoir ses deux parents avec lui. Il ne suffit donc pas d'aimer quelqu'un pour faire un enfant. Il faut plus. Il faut être capable de s'engager à élever ensemble cet enfant au long cours.

Au total, chaque fois que l'on traverse la rue on vérifie à droite et à gauche qu'on ne va pas se faire renverser. Il en va de même pour la contraception. À chaque rapport sexuel, il faut être certain qu'il n'y aura pas de conséquence non souhaitée. Et grâce à la contraception qui est gratuite confidentielle et anodine, c'est désormais possible. Une chance pour les jeunes femmes, pas toujours appréciée à sa juste valeur, de vivre ici et maintenant.

DEUXIÈME DIFFICULTÉ AU DÉBUT DE LA VIE SEXUELLE : LES INFECTIONS SEXUELLEMENT TRANSMISSIBLES (IST)

Comme le sujet a souvent été abordé antérieurement devant les jeunes, il est possible d'aller plus vite sur cette question en donnant son avis personnel et en se souvenant que les séroconversions VIH chez les jeunes sont exceptionnelles tandis que les infections à *Chlamydia* ne sont pas rares et en augmentation récente.

Contraception et/ou préservatif ?

On peut distinguer en gros deux sortes de rapports sexuels chez les jeunes. D'abord, Roméo et Juliette qui savent tout l'un de l'autre car ils ont fait leurs premiers pas ensemble depuis le début. Jamais ils ne pensaient devenir amoureux l'un de l'autre vu qu'ils se connaissent depuis la maternelle. Mais tout d'un coup, sans qu'on s'y attende, ça a été le coup de foudre et désormais on pense tout le temps à l'autre, une véritable obsession. Long d'attendre que le dimanche s'étire pour se retrouver le lundi. Roméo et Juliette ont besoin d'une contraception dès qu'ils se promènent main dans la main, même s'ils ne sont ni l'un ni l'autre prêts à avoir des rapports sexuels. Ils n'ont pas besoin de préservatifs car ils en sont chacun à leur premier amour et savent tout de l'autre.

Et puis il y a toutes les autres situations où on ne sait pas tout de l'autre, et où ce n'est pas le moment de mener l'enquête. « Ce garçon que j'ai vu lors de la dernière soirée est beau comme un cœur. Il me plaît. Je veux savoir si je suis capable de faire en sorte qu'il me désire. Je le drague. » Et comme on ne peut pas en même temps draguer et faire la police… Impossible de dire : « Hé toi, tu me plais. Je vais faire ta fiche médicale : est-ce que tu as déjà fait l'amour ? Est-ce que tu t'es drogué ? » Pas d'information possible sur le risque et d'ailleurs lui n'en a pas non plus. Dans toutes ces situations, où on ne sait pas tout de l'autre et où ce n'est pas le moment d'investiguer, préservatifs et contraception s'imposent.

Si la relation devient stable et fidèle, si on a envie de faire un bout de chemin ensemble et plus si affinités… chacun fait un test anonyme et gratuit à l'hôpital et s'ils sont négatifs tous les deux, on enlève le préservatif et on ne garde que la contraception. Par chance, la contagiosité du sida est faible et on peut s'en protéger aisément. Mais il ne faut pas compter actuellement sur la médecine : rien dans les tiroirs qui permette d'augurer dans un proche avenir d'une guérison du sida ; des traitements oui, mais pas de guérison. Et on ne peut pas se fier à la bonne mine de quelqu'un pour savoir s'il est contaminé ou non : le seul moyen de savoir est de faire un test sanguin. Le seul moyen de se protéger : utiliser un préservatif !

Comment mettre et enlever le préservatif ?

Concernant le préservatif, à nouveau, il y a deux sortes de garçons. Ceux qui mettent leur préservatif tout seuls, sans qu'on ait besoin de le leur rappeler ; normal. Et ceux qui disent ne pas vouloir en mettre et qui justifient une petite explication de texte.

Les adolescents sont tous préoccupés, à l'aube de leur sexualité, par une seule et même question qui pourrait se résumer ainsi : « Est-ce que je suis bon ? Est-ce que je suis capable de faire jouir une femme ? » Et ils ont beau mesurer leur sexe au repos puis en érection et calculer pour la première fois de leur vie le volume d'un cylindre, outre l'incertitude sur l'exactitude du calcul, le chiffre obtenu ne les rassure pas car il ne dit rien sur la question posée : « Est-ce que je suis bon ? » Cette angoisse vis-à-vis de leur érection tout à fait normale chez les jeunes hommes (les jeunes femmes ne peuvent pas se moquer car elles ont d'autres angoisses) peut provoquer un petit vent de panique : « Si, en plus, je suis obligé de déballer un préservatif et de me le mettre sur le sexe, c'est un coup à avoir la panne. » Ils la redoutent, cette panne, et c'est normal. Alors comment faire ? Voici un conseil pour les filles : quand on fait l'amour, on est là ensemble, pour se faire plaisir l'un à l'autre. On est même là que pour ça. On caresse l'autre pour lui procurer du plaisir et plus on lui en procure, plus on est heureux. On met le préservatif au garçon, comme une caresse supplémentaire qu'on lui ferait. Cela permet de veiller à ce qu'il persiste un espace au bout du préservatif où le sperme puisse s'accumuler. Cela permet de bien dérouler le préservatif jusqu'à la racine de la verge et de rappeler au garçon qu'après avoir éjaculé, il doit se retirer, sans quoi la détumescence de la verge, sa diminution de taille après l'orgasme, le surprendra et le préservatif risquera d'avoir été inutile. Et pour un deuxième rapport, on met un autre préservatif. Et si la relation devient stable et fidèle et qu'on souhaite faire un bout de chemin ensemble, après avoir vérifié que les tests sont négatifs, on peut enlever le préservatif, tout en conservant sa contraception.

Il est de plus souhaitable d'informer les jeunes sur deux vaccins disponibles pour eux et susceptibles de les protéger, l'un contre l'hépatite B et le cancer du foie, l'autre contre les *Papillomavirus* 16 et 18 et le cancer du col de l'utérus qu'ils sont susceptibles de provoquer. Évoquer les modalités de contagion sexuelle pour ces deux virus et encourager les jeunes à demander à leurs parents cette vaccination est assurément une bonne manière de contourner l'hostilité latente à ces vaccinations.

LES ATTIRANCES SEXUELLES ET L'HOMOSEXUALITÉ

La question des attirances sexuelles est un sujet grave pour les adolescents, préoccupés par la normalité, soucieux de ne pas être différents. La question des attirances est intéressante car elle soulève, entre autres, le désir que peut avoir un jeune pour une personne de même sexe. Cette question permet de remettre au centre du débat les différences en matière d'attirance, de sexualité, et d'expliquer ce qu'est l'homosexualité, son cheminement, son existence parmi d'autres attirances.

L'homosexualité, la peur de l'être, le dégoût pour ces pratiques, l'homophobie et ses insultes constituent une grande source de préoccupations pour les jeunes des deux sexes. Apporter une explication médico-psychologique sur l'homosexualité et en parler sans faux-semblant constitue donc un passage obligatoire si on souhaite aborder les sujets qui concernent les jeunes au premier chef.

Chacun a pu ressentir des pulsions homosexuelles, chacun a remarqué que certains rêves pouvaient laisser entendre une attirance homosexuelle. À un moment de fragilité et d'immaturité dans la détermination de ce qui sera la sexualité adulte, à un moment où rien n'est figé, il faut savoir rassurer. D'autant que près d'une personne sur dix peut se découvrir homosexuelle et que l'homosexualité naissante est une des angoisses existentielles qui peuvent conduire au suicide nombre de jeunes adolescents. C'est donc l'occasion de sortir l'homosexualité d'une stigmatisation qui mène souvent à des comportements discriminatoires. La grande fréquence de l'homosexualité permet déjà de dire qu'un caractère aussi largement répandu dans la population ne peut pas correspondre à une maladie, pas plus que ne sont des maladies le fait d'avoir des cheveux roux ou des yeux verts.

On peut par exemple rappeler la bisexualité des nouveau-nés. Pendant la première année de vie, ils ne savent pas qu'il existe deux sexes différents et pendant la deuxième année, ils mettent un an à savoir exactement de quel côté de la barrière ils se situent. L'éducation des parents qui vient ensuite est habituellement conforme au sexe de l'enfant : une petite fille sera habillée, coiffée, incitée à jouer en fille et inversement pour les garçons. Le genre est donc largement validé par l'éducation des parents qui orientent délibérément et tout naturellement leur enfant vers l'hétérosexualité, norme forte de nos sociétés occidentales. On peut dire que la bisexualité archaïque et primitive de l'être humain au début de sa vie est refoulée par les parents au travers de l'éducation.

Ce refoulement est apparemment plus difficile pour les garçons, qui doivent, pour affirmer leur virilité, ce qui n'est pas si facile, parcourir un chemin psychique parfois complexe. De quoi se traitent les garçons dans la cour de récréation quand ils veulent s'injurier ? La réponse vient toute seule de la classe et permet de passer à une courte explication de texte sur ceux qui traitent leurs petits camarades de « PD », voire pire encore. Ils se font un petit quart d'heure de publicité gratuite auprès de tous ceux qui les écoutent pour dire en substance qu'eux-mêmes ne « mangent pas de ce pain-là ». Et s'ils éprouvent le besoin de le signifier aussi fort, c'est bien qu'ils n'en sont pas tout à fait persuadés eux-mêmes. On peut dire à quelqu'un qui traite les autres de « PD » qu'il s'agit bel et bien d'une insulte homophobe et que le fait de la proférer montre qu'on en a pas fini personnellement avec ce problème, qu'il n'est pas tout à fait résolu, sans quoi on aurait sûrement choisi une autre insulte.

Comme tous les adolescents se sont rendu compte que, de temps en temps, leurs rêves érotiques pouvaient être homosexuels, il est important de rappeler que le fait d'avoir des rêves homosexuels ne veut pas dire qu'on est homosexuel, ni même qu'on a une tendance homosexuelle. Cela rappelle simplement, qu'au cours des rêves, c'est notre inconscient qui est au « volant » de notre psychisme et que celui-ci n'est pas influencé par l'éducation reçue des parents qui ne porte que sur la partie consciente de notre psychisme. Cela permet d'expliquer également le mécanisme de censure qui s'établit au réveil et qui nous fait oublier, comme par l'effet d'une ardoise magique rapide et automatique, le contenu si dérangeant des escapades nocturnes et involontaires de nos rêves.

L'homophobie, comme la xénophobie d'ailleurs, est le résultat d'une peur personnelle d'être concerné ou menacé. Est homophobe toute personne qui fait de grandes déclarations contre les homosexuels ou qui même passe à l'acte contre eux en les insultant, en malmenant, voire en assassinant des personnes homosexuelles ou supposées telles. On peut dire que les personnes homophobes sont souvent des personnes qui luttent contre leur propre homosexualité et s'administrent à bas prix la preuve qu'elles n'en sont pas. L'homophobie n'est donc parfois qu'une forme clinique, une sorte de variante, de l'homosexualité.

Il faut rappeler, au sujet de l'homosexualité, que l'objet sexuel et l'identité sexuelle définitive d'une personne ne se stabilisent qu'au-delà de 20 ans et que, dans la période adolescente, les jeux homosexuels, voire les rapports homosexuels qui peuvent avoir eu lieu, n'ont aucune signification particulière. Et qu'en tout état de cause, comme pour toute la sexualité, il n'est pas nécessaire de porter un badge où serait inscrit : « Je suis homosexuel. » Il s'agit là d'une affaire privée qui ne regarde personne d'autre. Cela permet d'ailleurs de faire un *nota bene* : la marche des fiertés homosexuelles n'a pas plus de sens que n'en aurait une marche des fiertés hétérosexuelles. Elle s'explique bien sûr par la stigmatisation séculaire dont ont été l'objet les homosexuels mais elle ne devrait pas persister lorsque cette stigmatisation aura cessé.

LA MASTURBATION

Commune à toute l'espèce humaine et aux grands mammifères, il est important de signaler d'emblée qu'elle touche tous les humains et ce depuis la petite enfance. L'évocation de la masturbation devant de jeunes adolescents les met immanquablement dans la gêne et soulève une bouffée de culpabilité. Occasion idéale pour montrer la différence entre les bonobos (qui communiquent mais ne parlent pas) et les humains, puisque les premiers n'ont aucune culpabilité en ce qui concerne la masturbation, activité qui se déroule en famille. La culpabilité vient chez les humains d'un interdit parental survenu assez précocement dans l'enfance. Quand le petit enfant (que nous avons tous été) court dans le salon en se tenant les organes génitaux, ses parents finissent par lui dire « d'aller faire ça ailleurs » dans le meilleur des cas ou par lui enlever la main. Le message subliminal qui est alors envoyé à l'enfant par ses parents est bien le suivant : « Mes parents estiment que de se procurer du plaisir en touchant ses organes sexuels n'est pas correct. » Ce premier interdit, celui de ne pas se toucher le sexe en public, est globalement efficace puisque la plupart des enfants ne le font plus par la suite. Mais les interdits sexuels vont se succéder. On ne peut pas coucher avec sa mère ou son père. Les frères et sœurs aussi sont interdits. Les humains, pour pouvoir vivre en société, se donnent des règles et des interdits dont certains portent sur la sexualité.

La seconde notion importante à avancer concernant la masturbation est qu'elle est sans conséquence néfaste connue. Rappelons que les médecins du siècle précédent et du début du XXe ont si fortement vilipendé la masturbation sans raison scientifique qu'il en reste encore des traces. On pensait même dans les années 1930 qu'elle était responsable, à elle seule, de la « dégénérescence de la race française ». On sait désormais qu'elle ne rend pas sourd, qu'elle ne diminue pas la réussite aux examens scolaires, qu'elle ne provoque ni cancer ni stérilité, et qu'il n'y a pas d'« overdose » possible de masturbation... et pas de norme non plus dans ce domaine si personnel, si ce n'est le secret et la discrétion absolus sur ce que l'on fait de son corps.

Mais qu'en disent les religions ? Les quatre grandes religions du Livre les plus répandues en France (les religions catholique, protestante, juive et musulmane) ont des positions identiques sur cette question (comme sur bien d'autres en matière sexuelle). Elles la proscrivent en expliquant que l'homme est le seul être sur cette planète à être capable de se donner des règles puis de les suivre. L'homme est capable de maîtriser ses pulsions. Si on est croyant, on peut essayer de se masturber le moins possible, voire ne pas se masturber du tout.

Les deux messages principaux sur ce sujet sont donc que la masturbation est un phénomène caractéristique de l'espèce humaine, qui touche tout le monde et ce dès la petite enfance et qu'elle ne présente pas de nuisance médicale pour la santé.

LA JOUISSANCE SEXUELLE ET L'ORGASME

L'orgasme qui accompagne la jouissance sexuelle est connu de tous depuis l'âge de 10-11 ans, époque des premières éjaculations pendant les rêves pour les garçons et des premiers orgasmes pour les filles. Ils découvrent là, par la parole de l'adulte, qu'ils ne sont pas les seuls et que ce qui leur arrive, dont ils ont souvent honte, est normal et commun à tous leurs petits camarades. Or cette jouissance sexuelle se fait sans qu'aucun contact n'ait eu lieu avec les organes génitaux ; le rêve suffit à déclencher la jouissance, sans autre stimulation. Ces rêves qui mettent en jeu les fantasmes du moment, les réminiscences infantiles, de la transgression montrent que la jouissance sexuelle est principalement un mécanisme cérébral. L'organe de la jouissance sexuelle, c'est le cerveau. Être capable de jouir, c'est être capable de se raconter son histoire, son fantasme, qui peut être totalement déconnecté de la situation présente. Et pour les choses importantes, souffrir, jouir, mourir, les jeunes savent très tôt qu'on est toujours tout seul. Jouir simultanément, c'est se raconter son histoire dans sa tête en même temps que l'autre se raconte la sienne. Ce n'est donc pas grâce à l'autre qu'on jouit ni à cause de l'autre qu'on ne jouit pas.

Les garçons qui, tout à leurs préoccupations de performances sexuelles, s'inquiètent de savoir s'ils peuvent faire jouir une femme pourraient être rassurés : ça ne dépend pas grandement d'eux, et en tout cas pas de leurs « capacités techniques ». Impuissance, frigidité, anorgasmie sont liées à l'histoire personnelle d'un individu et non à la technique sexuelle mise en œuvre. Comment soigne-t-on ces problèmes qui rendent certaines personnes très malheureuses ? Par la psychothérapie. On cherche ce qui, dans le passé, voire dans l'enfance, s'est produit qui puisse entraver la capacité de jouir à l'âge adulte. On trouve souvent la cause et on arrive bien à soigner ce type de pathologies.

Une des grandes motivations des garçons à regarder les films pornographiques est de savoir ce que souhaitent au fond les femmes, comment on fait pour les faire jouir, comme si c'était là qu'ils allaient le trouver. Expliquer que la jouissance sexuelle d'une personne dépend essentiellement de son état psychologique, de sa capacité à se laisser aller et n'a rien à voir avec la façon dont on décline le *Kamasoutra* peut avoir du sens à cet âge de la vie.

LA VIRGINITÉ DES FILLES ET DES GARÇONS

Sujet attendu, sujet incontournable. Il n'est pour s'en rendre compte, qu'à apprécier le silence et l'attention collective quand il est abordé. Qu'est-ce qui atteste de la virginité ? Est-ce une rupture de l'hymen ? L'hymen est une petite membrane qui se trouve à l'entrée du vagin, pas toujours présente et souvent si souple et élastique qu'elle ne se déchirera pas lors du premier rapport (surtout lorsque le sexe masculin est un peu petit) mais plutôt lors du premier accouchement. Il n'y a donc que 50 % des femmes qui saignent à la suite de leur premier rapport. Et c'est pourtant bel et bien leur premier rapport. Fonder le diagnostic de virginité sur le saignement ou sur l'absence de saignement est donc faux une fois sur deux. Et une définition qui est fausse une fois sur deux est à l'évidence une mauvaise définition.

Alors y a-t-il une meilleure définition de la virginité qui soit vraie tout le temps ? La réponse est oui. Est vierge tout garçon et toute fille qui n'a jamais eu de rapport. Si je veux savoir si un garçon est vierge, la seule façon de le savoir est de le lui demander. Si je veux savoir si une fille est vierge, la seule possibilité qui ait du sens est de le lui demander. On peut mentir ? Mais si on ment sur des choses qui nous paraissent aussi importantes dans un couple, ce n'est pas la peine de continuer. Et si la parole d'une femme qu'on aime ne suffit pas et qu'on lui préfère un examen gynécologique pour voir si elle dit vrai, inutile de continuer non plus.

L'examen prénuptial ou de virginité est interdit en France par l'Ordre des médecins au nom de la protection du secret médical. Une information sur le corps de quelqu'un ne peut être recueillie à seule fin d'informer une tierce personne, fût-elle un parent. Aucun médecin digne de ce nom ne le pratique encore ; aucun médecin digne de sa fonction ne se conduit de manière aussi bestiale. On n'a pas le droit de regarder entre les jambes d'une femme avant son mariage pour voir si elle est bien vierge et si elle dit vrai, comme cela se fait dans certains pays où l'examen du médecin est quasi obligé (soi-disant pour protéger la femme) avant la nuit de noces.

Car si on le fait, et si la femme se laisse faire, cela veut dire qu'elle n'est qu'un objet dont on vérifie l'intégrité avant de l'acquérir. Si une femme se laisse examiner de la sorte, cela signifie qu'elle accepte qu'on la traite comme un objet et elle sera donc traitée ainsi toute sa vie.

Et que dire du contrôle du saignement par la famille sur les draps au lendemain du premier rapport ! Car pour éviter à leur fille d'être répudiée après avoir été « essayée », les mères veillent à ce qu'il y ait du sang de toute façon sur les draps la protégeant contre ce scandale qui les salit injustement elle et sa famille. D'ailleurs, quand il n'y a pas de sang sur les draps, est-ce qu'on vérifie si par hasard ce ne serait du fait de la trop petite taille du sexe masculin ou d'une panne érectile ? Bien sûr que non. Il s'agit de l'honneur des hommes et il est impensable d'y attenter en leur faisant baisser pantalon pour vérifier la taille de leur sexe alors qu'ils n'hésitent pas à imposer cette humiliation à leur future compagne. L'honneur est si mal réparti sur notre planète. Et, bien sûr, seuls les hommes en ont...

Oui, au respect des traditions et de la religion. Mais pas aux dépens de sa propre dignité. Bravo à une femme qui, attachée à ses traditions, arrive à rester vierge jusqu'au mariage. Mais quand un homme lui demande si elle est vierge, elle devrait immédiatement lui répondre : « Moi, oui. Et toi ? » La virginité ne serait importante que pour les filles et les garçons pourraient courir à droite et à gauche ? Où est-ce écrit ? Dans quelle Thora, dans quelle Bible, dans quel Coran ? Les lois de la pureté sexuelle des religions du Livre précisent que les relations sexuelles ne doivent se produire que dans le cadre d'un couple marié. Et avec quelles filles iraient les garçons s'ils avaient le droit, eux, d'avoir des relations hors mariage ? Des filles de seconde zone ? Il y aurait donc plusieurs catégories de filles ? Celles avec qui on peut avoir des relations sexuelles et celles que l'on peut épouser ?

Le respect de la pureté sexuelle vaut pour le garçon aussi bien que pour la fille. Ceux qui pensent le contraire n'appliquent pas leur religion mais une religion des hommes, faite pour les hommes par les hommes, une religion du machisme. Mais les religions « patriarcales » qui instituent les pères de famille disent à juste titre que si les enfants sont sacrés, les rapports sexuels qui engendrent des enfants le sont également. Ces lois qui ont structuré les sociétés anciennes – car il n'y a pas de société humaine si tout le monde fait l'amour avec tout le monde – mettent en avant des règles claires qui ne sont pas celles que certains hommes machistes mettent en œuvre aujourd'hui.

Il arrive d'ailleurs que certaines femmes demandent aux médecins de « refaire leur virginité ». Pire, il arrive que certains médecins, moyennant finances, acceptent de les opérer, pour les « protéger » contre d'autres hommes... Mais soyons clairs, il s'agit de tromper qui ? Dieu ou un homme ? « Ah non, Dieu voit tout. Dieu sait tout et d'ailleurs il me pardonne. » Comment le savent-elles ? Quoi qu'il en soit, comme il s'agit simplement de faire illusion sur son propre passé, il y a d'autres moyens pour tacher le lit ce jour-là, si c'est cela qui est important pour certains hommes, sans être obligé d'aller faire de la chirurgie sur le sexe d'une femme. Les hommes qui s'estiment les garants et les vigiles de la virginité de leurs sœurs ou filles devraient plutôt veiller à ce que leur propre honneur, celui que l'on porte sur soi toujours, demeure intact. En respectant par exemple eux-mêmes les lois de leur religion, mais aussi en respectant de manière générale toutes les femmes. L'honneur de quiconque n'a rien à voir avec l'existence ou non d'une membrane à l'entrée du vagin.

La première maltraitance sexuelle de la femme est donc de la considérer comme un objet qui doit être intact au mariage. Que les femmes y prennent garde : la virginité est un piège pour leur dignité. Elles y sont attirées par la volonté légitime et louable de respecter les traditions anciennes de la famille et elles y perdent, pour la première fois de leur vie, une part importante de leur intégrité en se soumettant à une humiliation destructrice.

LES VIOLENCES SEXUELLES

Il y a des hommes qui deviennent violents quand ils s'engagent dans une relation sexuelle pour faire mal et faire souffrir l'autre. Cette maladie psychique qu'on ne sait pas bien traiter et qui s'aggrave avec le temps a toujours son origine dans l'enfance de ces hommes. Souvent, ils ont été eux-mêmes battus, rudoyés, voire abusés. Mais, plus souvent encore, le modèle masculin, le comportement du père à l'égard de leur mère était déjà de nature violente. Ils ont entendu les cris de leur mère en souffrance et n'ont jamais vu la virilité de leur père s'exprimer sous forme de douceur ou de caresses. Pour eux, être viril, c'est faire souffrir l'autre. La médecine est très démunie pour soigner ces hommes qui ne se sentent pas malades et ne consultent pas de prime abord.

Leur comportement violent s'aggrave toujours et finit par porter également sur les enfants que leur mère a du mal à mettre à l'abri. La France compte près de 160 décès de femmes par an liés à des violences conjugales et il faut multiplier ce chiffre par dix pour évaluer le nombre de femmes qui contractent des séquelles définitives chaque année. C'est là un vrai problème de santé publique, mais, surtout, un nombre considérable de vies gâchées.

Or cette violence des hommes ne tombe pas du ciel un beau matin. Elle commence souvent par des injures et les femmes devraient s'habituer à quitter sans se retourner un homme qui les injurie. Car l'injure est la première violence. Pourquoi l'accepter ? Rester après la première gifle est incompréhensible. « Je l'aimais et je pensais pouvoir le changer. » Aimer un homme violent, c'est risquer sa vie, c'est surtout courir le risque de voir sa vie complètement assombrie et attristée. Le meilleur conseil à donner, ici en France où personne n'est obligé de se marier contre son gré, c'est de tourner les talons définitivement, sans se retourner et de trouver quelqu'un qui n'élèvera jamais la main sur soi et sur les enfants à venir. Si la maladie n'est en général pas prévisible, la violence l'est le plus souvent et on peut donc s'en protéger.

Il n'y a pas de confusion possible avec le sadomasochisme, évoqué plus haut, où chacun convient avec l'autre d'un scénario précis. Ici, pas de consentement, mais un tortionnaire et sa victime qui risque sa vie.

Partir dès la première maltraitance, à la première injure, est sûrement la meilleure solution si on souhaite être heureuse dans sa vie. Il faut le rappeler, car cette éducation des filles, qui ne peut pas être faite dans certaines familles est importante au regard du nombre élevé de décès par violences faites aux femmes en France. Et c'est aussi une maltraitance grave que de se voir imposée par son amoureux des gestes sexuels sur un de ses amis. On n'y est jamais obligée. La seule réponse raisonnable est de s'en aller sans appel possible.

La maltraitance peut exister dans l'autre sens et se trouve bien plus difficile à détecter par les hommes. Il y a des femmes, dont la perversité est de jouir de voir leur compagnon dans la misère et dans le malheur. Cette maltraitance est plus subtile et donc plus difficile à détecter. Le meilleur conseil à donner dans cette situation est le même que plus haut : partir en courant pour ne pas voir sa vie gâchée. « Mais je l'aimais et pensais pouvoir la changer... »

LES ABUS SEXUELS ET L'INCESTE

La définition de l'abus sexuel est simple. Ni un père, ni un grand-père, ni un oncle, ni un professeur, ni un moniteur de colo n'ont le droit de s'intéresser aux enfants ou aux adolescents du point de vue sexuel. Or ce fléau est assez fréquent dans notre pays grâce au « silence des agneaux ». C'est le silence qui permet à un adulte pervers de continuer de se servir parmi les jeunes pour couvrir ses besoins sexuels. C'est le secret imposé aux enfants et aux ados, souvent par la menace, qui permet aux adultes d'entretenir leur vice destructeur.

S'il est trop tard, en classe de troisième[1], pour faire de la prévention de l'inceste et de l'abus sexuel, il n'est en revanche pas trop tard pour « vacciner » contre le silence. Les pays qui luttent efficacement contre l'inceste, par exemple la Hollande et les pays scandinaves, organisent au CP, à l'âge de 6 ans, des cours intitulés : « Touche pas à mon corps » ou « Mon corps est à moi », notions que les enfants ignorent. Cette démarche n'a été mise en œuvre en France que très exceptionnellement du fait du militantisme de certains, car les directeurs d'école sont plutôt frileux, craignant de remuer ce qu'ils appellent la « vase des familles » en l'absence d'un véritable projet national de santé publique sur ce thème qui les affranchirait de prendre une initiative en solitaire. On finira bien par y arriver un jour chez nous aussi. Mais, pour l'instant, ce sujet est encore tabou.

Pour lutter contre le silence et le secret, il peut être utile d'en passer par une séquence « histoire vraie » : apprendre qu'un

---

1. Ce sujet fera l'objet d'une publication ultérieure pour essayer de mieux protéger nos enfants contre des événements qui peuvent gravement obérer leur vie. D'autres pays, là aussi, réussissent mieux que nous à protéger leurs enfants.

copain ou une copine, qui a parlé dans un moment d'extrême détresse pour appeler à l'aide, se trouve sollicité sexuellement dans le cadre familial, oblige à tirer la manche de l'infirmière scolaire ou d'un professeur avec lequel le courant passe, pour mettre à l'abri le copain ou la copine. Savoir cela et ne pas bouger est une vraie faute, qu'on peut se voir reprocher en justice, des années plus tard, sous l'inculpation grave de complicité de viol sur mineur de 15 ans. Personne ne peut connaître de tels événements et les couvrir de son silence. Vaccinons nos jeunes contre le silence dans ce domaine.

RÉPONSES AUX QUESTIONS MANUSCRITES ET ANONYMES

Une crainte fréquente est la peur d'en dire trop et de heurter la sensibilité de l'enfant ou de l'adolescent. Il existe pourtant maints exemples où l'on constate que le silence sur un phénomène ou l'évitement d'une question peut perturber davantage qu'une réponse honnête, aussi difficile soit-elle à formuler. Ainsi, toute question mérite une réponse, et ce, quel que soit l'âge. Toutefois, le contexte dans lequel est livrée l'information est important, car cela risque davantage d'inquiéter, voire de « traumatiser », que le contenu lui-même. Tout est dans la manière de dire les choses. Si l'information est énoncée avec une charge émotive négative, elle risque de créer de la confusion. De même, si l'information sexuelle transmise est débordante, par son caractère sensationnel ou sa charge d'horreur, ce dont les jeunes sont, par ailleurs, très friands, il peut y avoir risque de choquer la sensibilité de certains. En fait, l'éducation sexuelle en milieu scolaire doit avoir davantage le souci de rassurer, de démythifier et de faire en sorte que les élèves ne soient plus déroutés par la réalité sexuelle.

Bien sûr, il n'est pas toujours facile d'aborder le sujet de la sexualité. Certains enseignants ont le sentiment de manquer de stratégies, de manières de faire. Celles-ci s'acquièrent avec l'expérience, mais elles supposent également une bonne dose de simplicité. On doit accepter d'être parfois étonné, ne pas hésiter à se montrer transparent. Quiconque se dit prêt à parler franchement de sexualité avec des jeunes et perd son aplomb si on lui pose des questions sur la masturbation, par exemple, livre ainsi un message non verbal tout aussi éloquent. L'embarras que provoquent certaines questions de la part des jeunes est tout à fait naturel et légitime. Il ne s'agit pas de nier ce malaise, de le combattre, ou pire de tenter vainement de le cacher. Lorsqu'une situation se révèle embarrassante, mieux vaut le dire très simplement. Voilà une belle occasion d'« humaniser » l'éducation à la sexualité. L'honnêteté intellectuelle et aussi affective est déterminante dans une telle démarche.

Le fait d'avoir à traiter de sujets parfois délicats ou même controversés constitue une des craintes majeures des enseignants. Toute discussion concernant la sexualité peut susciter la controverse. Ce choc des perceptions est utile et enrichissant à condition qu'il ne contribue pas à alimenter les préjugés. L'acquisition de connaissances ne doit pas se faire uniquement à partir de réactions émotives ou de lieux communs, mais selon un processus de réflexion critique. Ainsi, il importe de faire la distinction entre les faits et les opinions. Y a-t-il des valeurs en cause dans une des questions ? On présente alors les divers points de vue, de façon objective et équilibrée. Il va sans dire que cette crainte de la controverse est liée directement à d'éventuelles réactions des parents.

De même, certains intervenants craignent de ne pas posséder suffisamment de données sur le sujet et ainsi d'afficher leur ignorance devant les élèves, car il en va de leur « réputation ». La réalité commande l'humilité. Les jeunes apprécient grandement la franchise. Les questions posées par les enfants et par les adolescents à propos de la sexualité peuvent constituer un bon point de départ pour amorcer une intervention en matière d'éducation sexuelle. On s'assure ainsi de tenir compte de leurs réalités et de répondre à leurs véritables préoccupations. Ce qui ne doit pas empêcher de présenter une intervention structurée et cohérente, car une démarche d'éducation à la sexualité ne se limite pas au fait de répondre aux questions spontanées ou anonymes des élèves.

Répondre aux questions rédigées préalablement par les jeunes constitue toujours un moment très attendu. La provocation y est souvent présente, mais derrière toutes les questions il y a une part de vérité et d'angoisse. Comprendre assez rapidement ce qui se cache derrière une question posée et fournir une réponse qui ne s'arrête pas à son énoncé apparent est une compétence qui s'acquiert avec la pratique et l'expérience. Le site Info-Ado permet d'ailleurs de s'entraîner à répondre aux questions anonymes puisque la réponse est mise en réserve pour être validée dans un second temps par un intervenant expérimenté. Les jeunes médecins et sages-femmes peuvent donc se « faire les dents » sur les questions qu'ils rencontreront dans les classes. Mais il faut bien dire qu'elles tournent toujours autour des mêmes sujets, d'ailleurs déjà abordés dans l'intervention proprement dite. Si bien qu'une bonne partie d'entre elles ont déjà trouvé leur réponse.

Quelques principes sont cependant importants :

Il ne faut négliger aucune question, même celles qui sont vulgaires ou provocantes et qui donnent d'ailleurs une occasion rêvée de s'étonner de l'immaturité, voire de la salissure qu'elles sous-entendent. Par exemple, les questions qui concernent la zoophilie permettent d'aborder le consentement de l'autre, ni nécessaire ni envisageable avec un animal. Si on parle de la sexualité, notre plus beau cadeau, en termes humiliants, on salit soi-même ce qu'on a de plus beau dans la vie.

L'indignation alléguée de l'intervenant est un bon outil. « Peut-on se tromper de trou ? » Hilarité générale devant cette question si fréquente. Quand le calme revient : « C'est ainsi que vous parlez du vagin ? Comme d'un trou ? Si vous parlez du vagin comme d'un trou, c'est que celui des femmes de votre famille, des femmes comme les autres, est rendu au même rang et que d'autres hommes comme vous auront raison d'en parler ainsi, puisque vous utilisez ce vocable pour celui de femmes qui sont peut-être leurs sœurs. » L'hilarité est bien sûr de courte durée. Mais la question porte en réalité sur la sodomie. Il faut donc, après l'indignation pédagogique soulevée par la forme, ne pas négliger le fond de la question. Après avoir expliqué avec des mots simples de quoi il s'agit, on peut dire qu'elle fait partie de la vie sexuelle de certains couples quand les deux personnes aiment la pratiquer et qu'en revanche, quand l'un des deux ou les deux ne la souhaitent pas, elle n'a pas lieu. Inutile de porter un badge qui indique : « J'aime la sodomie. » Il s'agit là bien sûr d'une affaire totalement privée.

« Est-ce qu'on peut être enceinte après une pipe ? » La lecture de la question par l'intervenant provoque une joie bruyante dans les rangs. Premier enseignement à prodiguer sur la forme de la question. Le mot « pipe » est en l'occurrence un vocable vulgaire. La manière adulte et mature d'en parler est d'utiliser le terme de fellation, qui se définit comme une caresse avec la bouche sur le sexe d'un homme. Après avoir contré la vulgarité de la question, on peut expliquer, sans fausse pudeur, que certains couples la pratiquent régulièrement car ils y trouvent plaisir tous les deux, alors que d'autres ne la pratiquent jamais car l'un des deux n'aime pas ce genre de caresses. L'inverse s'appelle le cunnilingus, caresse avec la bouche sur le sexe d'une femme et appelle les mêmes commentaires.

Enfin, la fellation comme la sodomie sont de véritables rapports sexuels et impliquent, s'ils ont lieu avec quelqu'un dont on ne sait pas tout, d'utiliser un préservatif, car les mêmes risques de transmission d'infection existent que pour les rapports par le vagin.

Ces modalités de rapports sexuels nécessitent donc le consentement absolu des deux partenaires et le fait de forcer quelqu'un d'une manière ou d'une autre équivaut de nouveau à un viol. Les questions sur le consentement sont fréquentes eu égard à la présence de la pornographie, qui promeut des scènes de viol.

« Quand une meuf, elle veut pas, est-ce qu'il y en a un qui peut la tenir pendant que l'autre se la fait ? » Toujours reprendre la forme, sans s'indigner outre mesure. Puis, définir ce geste vu sur Internet avec le qualificatif qui lui convient, le viol, et la sanction criminelle qui l'accompagne.

« Oui, mais si elle porte une minijupe, c'est qu'elle veut de la queue, non ? » Ce qu'elle veut, c'est à elle de le dire et si on le suppose, on se trompe toujours et quand on se trompe en matière de consentement, cela peut se terminer par des années de prison. Et une femme peut s'habiller de telle manière qu'elle suscitera le désir des garçons sans que cela signifie autre chose que de vouloir susciter le désir. La pornographie présente un modèle de femmes préoccupées du plaisir masculin et prêtes à tout pour que celui-ci trouve satisfaction. Avec une culture limitée au monde de l'image, il n'y a pas loin pour s'imaginer que le réel, c'est ce qu'on a vu en images : « Les vrais hommes, ceux qui en ont, prennent des femmes qui au début ne sont pas tout à fait consentantes mais qui, devant la jouissance extraordinaire qu'on leur prodigue et qui leur révèle leur vraie nature de chienne, finissent par en redemander » ; fantasme masculin des plus classiques chez les jeunes ados en mal de reconnaissance de leur virilité naissante, dont ils doutent profondément, ce qui est normal.

« Comment se fait-il que nous, les filles, on ait des histoires d'amour dans la tête alors que les garçons ont juste envie de coucher avec nous ? Et si on le fait, pourquoi se fait-on traiter de chaudasses ? »

Florence Montreynaud[1] avance que la prétendue séduction « à la française » n'est que de la violence sexuelle. On peut parfaitement la suivre quand elle propose, d'ailleurs avec un réel talent, de promouvoir dans l'éducation de nos jeunes un changement dans les relations entre hommes et femmes.

« [...] la séduction masculine "à la française" repose par convention sur une asymétrie visible : l'homme fait les avances, car c'est à lui de s'exposer en faisant le premier pas. Au contraire, l'éducation ou la contrainte sociale imposent aux filles et aux femmes des attitudes présentées comme typiquement féminines, pudeur ou réserve, tandis que la famille doit veiller sur leur réputation, voire sur leur virginité. Tout au plus une femme "bien" peut-elle manifester discrètement sa disponibilité. [...] "Une femme bien qui dit 'non', ça veut dire 'peut-être' ; si elle dit 'peut-être', ça veut dire 'oui' ; et si elle dit 'oui', ce n'est pas une femme bien." Déduction du dragueur : "Elle dit 'non', mais ça veut dire 'oui'." Une femme osant en public exprimer son désir à un homme est qualifiée d'"allumeuse", "provocante", ou "chaudasse", tous mots inusités au masculin. À tous âges et dans tous les milieux, la voilà classée – "une pute !" – et rejetée du groupe. Alors que celui qui "ne pense qu'à 'ça'" et "baise tous azimuts" est salué comme un "chaud lapin" ou un "don juan", son équivalent féminin est une "grosse nympho" qu'"a le feu au cul" et "y a qu'le train qui lui est pas passé d'ssus". »

Cette double norme sexuelle est toujours en vigueur en France quoi qu'on en dise et il y a donc lieu, dans l'éducation,

1. Montreynaud F., « La prétendue séduction "à la française" n'est que de la violence sexuelle », *Point de vue*, lemonde.fr du 24 août 2011, paru dans l'édition du 25 août 2011.

d'opposer à la séduction le fait de se plaire mutuellement, chacun prenant le temps d'attendre que le désir de l'autre advienne. « De plus en plus de couples féministes montrent, discrètement, comment lier désir et respect de l'autre, plaisir et égalité[1]. »

Il arrive souvent que les questions sur les pratiques sexuelles entraînent l'adulte présent sur des sujets, tels que les « partouzes » et autres combinatoires amoureuses, parfois inconnues de l'intervenant lui-même. Sans juger qui que ce soit, sans entrer dans les détails, il importe de redire que la sexualité demeure le domaine privilégié de la liberté et de l'invention, mais à deux conditions toutefois : que chacun soit véritablement consentant et qu'une discrétion totale entoure cet exercice de la liberté individuelle. On ne peut pas demander à une femme, au nom de son attachement, de procéder à des gestes sexuels sur des copains et encore moins la filmer à son insu : il s'agit là d'une véritable violence morale. La contraindre ensuite à une relation sexuelle en la menaçant, si elle n'obtempère pas, de diffuser ces images constitue un véritable viol prémédité qui devrait être puni comme tel...

1. *Ibid.*

Partie VI

QUELLES PROPOSITIONS ?

CHAPITRE 1

LES RECOMMANDATIONS RÉCENTES

Les recommandations de l'IGAS

L'inspection générale de l'action sanitaire a émis en 2010 des recommandations concernant la contraception et la contraception d'urgence[1] :

– Assurer dans les faits un accès gratuit à la contraception pour les jeunes de moins de 18 ans et pour les 18-25 ans dépourvus de couverture sociale autonome, en développant des réseaux de professionnels de santé acceptant le tiers payant.

– Promouvoir les méthodes de contraception de longue durée, en particulier le stérilet.

– Mieux gérer les situations d'urgence engendrées par un échec ou un défaut de contraception, en encourageant la prescription et la délivrance anticipées de la contraception de rattrapage.

– Développer la place des questions relatives à la maîtrise de la fécondité dans la formation des professions médicales, notamment pour les médecins généralistes et les sages-femmes.

– Reconnaître financièrement la spécificité d'une consultation médicale à visée contraceptive.

1. Aubin C., Jourdain Menninger D., Chambaud L., « Évaluation des politiques de prévention des grossesses non désirées et de prise en charge des interruptions volontaires de grossesse suite à la loi du 4 juillet 2001 », art. cit.

La mission formule par ailleurs des recommandations pour assurer dans les faits un accès gratuit et confidentiel des jeunes au conseil ainsi qu'à la prescription et à la délivrance des produits contraceptifs, en s'inspirant des mécanismes retenus pour la contraception d'urgence et des expériences menées dans certaines régions. Elle estime nécessaire de procéder à une évaluation globale de la situation des centres de planification et d'éducation familiale, de leurs moyens et capacités d'action. Elle recommande par ailleurs de diversifier et d'adapter la couverture contraceptive en fonction des besoins et modes de vie des utilisatrices, de promouvoir les méthodes moins sujettes aux problèmes d'observance que la contraception orale hormonale, d'anticiper et de mieux gérer par la contraception d'urgence les inévitables accidents de parcours contraceptifs, en incluant dans cette perspective les nouveaux produits mis sur le marché, qui tolèrent des délais plus importants.

Le rapport de Mme Bérangère Poletti[1]

La délégation aux droits des femmes de l'Assemblée nationale a confié en octobre 2010 à Mme Bérengère Poletti, députée UMP, une mission d'information en vue de formuler de nouvelles propositions sur l'accès à la contraception des adolescents. Le 17 mai 2011, Mme Poletti a présenté son rapport « La contraception des mineures : un paradoxe » à la délégation de l'Assemblée nationale aux droits des femmes. Elle y préconise un accès anonyme et gratuit à la contraception pour les mineures en France, estimant que cela permettrait de réduire le nombre élevé d'IVG pratiquées chaque année chez les moins de 18 ans.

Parmi les quatorze recommandations qu'elle préconise, Mme Poletti suggère d'engager des négociations avec les laboratoires pharmaceutiques pour parvenir à un accord sur le remboursement des pilules de troisième génération.

1. Poletti B., « La contraception des mineures : un paradoxe », *Rapport d'information*, n° 3444, Délégation aux droits des femmes, Assemblée nationale, XIIIe législature, mai 2011. www.assemblee-nationale.fr

D'autres recommandations concernent l'éducation à la sexualité (mieux former les enseignants, mutualiser les compétences, nouer des partenariats), l'information des publics concernés (enfants, partenaires, parents) et la formation (initiale et continue) des professionnels[1].

Les coûts seraient directement réglés par la Sécurité sociale qui estime cette opération en faveur des jeunes filles de 15 à 20 ans à 18,5 millions d'euros (7 millions d'euros pour les seules mineures). De cette somme, la députée entend déduire le coût des IVG des mineures chiffré entre 9,2 et 10,3 millions d'euros.

« La décision suppose un certain courage politique », a conclu Mme Poletti qui en fait une proposition de loi présentée en novembre 2011.

Elle avait effectué auparavant un rapport d'information sur l'application de la loi 2001-588 du 4 juillet 2001 relative à l'interruption de grossesse et à la contraception, qu'elle avait présenté à l'Assemblée nationale en octobre 2008. Elle constatait que les centres de planification ne constituaient pas partout une réponse[2]. Les 1 196 sites de CPEF ouvrent aux mineures l'accès à la contraception de façon gratuite et anonyme. Mais leur répartition sur le territoire est très inégale : certaines zones sont mal couvertes ; d'autres, comme à Paris et en grande couronne, offrent un accès insuffisant, en particulier pour les villes autour de Paris qui concentrent une population jeune. Leurs horaires d'ouverture ne sont souvent pas adaptés à ceux des élèves.

Elle proposait, pour garantir un accès à la contraception aux jeunes, d'assurer la prise en charge des contraceptifs pour les mineures. Par ailleurs de garantir une meilleure information en distribuant des brochures de l'INPES dans les milieux scolaires et en améliorant l'éducation et l'information des adolescentes, choses indispensables au moment où elles débutent leur vie sexuelle.

---

1. « Un rapport préconise la gratuité et l'anonymat de la contraception », lequotidiendumedecin.fr, 17 mai 2011.

2. Poletti B., *Rapport d'information sur l'application de la loi n° 2001-588 du 4 juillet 2001 relative à l'interruption volontaire de grossesse et à la contraception*, octobre 2008.

Le projet du ministère de la Santé

Des professionnels de santé divers sont concernés par la prescription et la délivrance de la contraception aux jeunes mineures. Dans les zones du territoire dépourvues de structures aptes à délivrer gratuitement des contraceptifs à la population mineure, il apparaît opportun qu'un travail de concertation, placé sous la responsabilité des agences régionales de santé, aboutisse, dans le prolongement d'expériences déjà menées dans ce domaine, à la signature de conventions entre ces professionnels et les conseils généraux ou, éventuellement, les organismes de Sécurité sociale (CPAM), pour permettre un accès à la contraception anonyme et gratuit de toutes les personnes mineures[1]. Il pourrait être fait appel à des médecins, des sages-femmes, pharmaciens et biologistes volontaires rémunérés, dans le cadre de ces conventions, pour tous les actes et activités concernés par cette délivrance. Il apparaît important que les nouveaux dispositifs soient mis en place, dans le respect des dispositions législatives et réglementaires en vigueur, notamment celles relatives au monopole pharmaceutique, et en liaison avec les centres de planification, afin qu'une complémentarité soit assurée.

Les ARS ont un rôle essentiel à jouer pour initier et organiser les réflexions à mener, aider au lancement, à la coordination et à l'évaluation des opérations. Il leur appartient également, en liaison avec les autres acteurs, d'identifier les zones pour lesquelles des difficultés d'accès aux centres de planification sont repérées et qu'il convient de cibler, pour faire appel aux professionnels de santé susceptibles de passer convention. À cet égard, la proximité des établissements d'enseignement du second degré constitue un élément favorisant l'accès des adolescents à la contraception.

---

1. Delaporte S. Podeur A., *Instruction DGS/MC1/DGOS/R3 n° 2010-377 du 21 octobre 2010 relative à l'amélioration de la prévention des grossesses non désirées et à la prise en charge des interruptions volontaires de grossesse (IVG). Accès des personnes mineures à la contraception* (http://www.sante.gouv.fr/fichiers/bo/2010/10-11/ste_20100011_0100_0099.pdf).

Dans le cadre du soutien qu'elles apportent aux actions de prévention, les contributions financières des ARS pourraient faciliter le démarrage et l'évaluation des opérations ou la formation des médecins et des sages-femmes volontaires pour s'y engager.

Propositions du Centre d'analyse stratégique[1]

– Charger les rectorats de fournir aux chefs d'établissement les informations nécessaires pour satisfaire à leurs obligations en matière d'éducation à la sexualité, et d'établir un bilan des mesures engagées.

– Insister sur la sensibilisation des jeunes hommes et associer la prévention des IST et l'information sur la contraception en promouvant la double protection, notamment dans les campagnes de communication.

– Créer une plate-forme d'information unique sur la sexualité (site Internet et application Smartphone), qui proposera notamment un recensement des centres d'éducation et de planification familiale et de prévention des IST.

– Assurer aux mineurs la confidentialité et la gratuité des modes de contraception féminine et des consultations médicales nécessaires par un système de tiers payant, non notifié aux parents.

– Rendre effectif le libre choix contraceptif en développant une information sur l'ensemble des modes, y compris ceux qui sont encore peu connus en France.

– Développer un « bilan première contraception » gratuit pour les jeunes femmes âgées de 15 à 18 ans.

– À l'occasion de la délivrance d'une contraception d'urgence, charger les pharmaciens de remettre aux femmes de moins de 25 ans un guide présentant l'ensemble des moyens contraceptifs et contenant un coupon pour un rendez-vous chez un médecin agréé.

1. Naves M. C., Sauneron S., « Comment améliorer l'accès des jeunes à la contraception ? Une comparaison internationale », art. cit.

CHAPITRE 2

PLAIDOYER POUR UN PROJET NATIONAL

Convergences de vues

Une grande convergence de vues apparaît désormais entre les différents documents français qui portent sur la prévention des IVG chez les jeunes femmes. Le rapport de Bérangère Poletti, celui de l'IGAS, la position de la Direction générale de la santé et la note du Centre d'analyse stratégique des services du Premier ministre, ainsi que le présent document vont tous dans le même sens. La France, forte de ses acquis et de ses réseaux de professionnels, peut se donner l'ambition de développer une stratégie d'action complète agissant à la fois sur l'accès à la contraception et sur l'information humaniste des jeunes en matière de sexualité.

Disparités des dispositifs

La présentation des dispositifs d'accès à la contraception pour les mineures fait apparaître des disparités entre chaque département, voire au sein d'une même région comme en Alsace, où le Haut-Rhin et le Bas-Rhin n'ont pas établi les mêmes conventions. Ces disparités se retrouvent aussi bien dans le fonctionnement que dans le financement. Chacun essaie à son niveau d'améliorer l'accès à la contraception. Pour deux régions, Poitou-Charentes et Île-de-France, le dispositif doit s'appliquer à l'ensemble de la région. Les autres dispositifs concernant les départements de l'Hérault, du Maine-et-Loire, du Loir-et-Cher, du Haut-Rhin et du Bas-Rhin sont propres à chaque département avec un financement effectué par le conseil général pour la majorité excepté le Bas-Rhin financé par la CPAM.

Le plus satisfaisant et le plus cohérent serait de mettre en place un plan national pour garantir une meilleure information et optimiser la prise en charge des adolescents. La diffusion d'un dispositif à l'échelle nationale a plus d'impact pour les jeunes que l'échelle départementale. Les moyens de communication sont différents et facilitent la diffusion de l'information.

Tiers payant et contraception

Au niveau du coût, le plus intéressant semble le système de tiers payant avec une convention établie avec la caisse primaire d'assurance-maladie. Ce système est simple, il ne nécessite pas d'imprimer des coupons ou des chéquiers, les professionnels utilisent leurs feuilles de soins papier avec un code particulier sans stipuler l'identité de la jeune femme. Le code utilisé dans le Bas-Rhin est Info-Ado, et on pourrait d'ailleurs imaginer un code plus explicite « gratuité-contraception » qui serait indiqué sur l'ordonnance et la feuille de soins. Les pharmacies fonctionnent déjà sur ce mode de tiers payant en ce qui concerne la délivrance de la contraception d'urgence. Le personnel est habitué à ce mode de délivrance, ce qui ne devrait pas occasionner de problème particulier.

Ce système de tiers payant a l'avantage de nécessiter moins d'effort financier. Tout est en place. Il y a simplement une convention à signer entre la CPAM et les professionnels de santé concernés. Ainsi, le système peut fonctionner rapidement sans ajout de nouvelle structure.

La mise en place d'un pass'contraception ou autres formes de coupons semble plus contraignante car elle impose l'impression et la diffusion du support papier. Le système de délivrance de coupons est une étape supplémentaire qui peut constituer un obstacle de plus pour les mineures.

L'instauration d'un « forfait contraception jeune » aurait l'immense avantage de permettre de prescrire à chaque jeune femme la contraception la plus adaptée, qui serait ainsi plus suivie. Cela nous sortirait de la situation actuelle où nombre de jeunes femmes en demande d'IVG ont bel et bien eu antérieurement une ordonnance de contraception. Et ce serait à l'honneur de notre pays de faire en sorte que les contraceptions les plus récentes soient aussi disponibles pour nos jeunes femmes et ne restent pas réservées à celles qui en ont les moyens.

Améliorer l'engagement des professionnels de santé

Pour pallier le manque de professionnels dans les zones rurales ou semi-rurales éloignées d'un CPEF, il faut privilégier les conventions avec des médecins installés. Ces conventions, sorte de guides de bonnes pratiques, doivent être proposées à chaque médecin du secteur géographique pour constituer des réseaux de professionnels.

Mais il ne faut pas délaisser le milieu urbain où certaines jeunes filles n'ont pas forcément la possibilité de se déplacer facilement. La meilleure alternative serait que la convention soit proposée à tous les médecins d'un département ou d'une région. Une façon de leur faire prendre conscience que la contraception des mineures représente un enjeu majeur et de les sensibiliser aux besoins de l'adolescente.

Dans l'idéal, n'importe quel contraceptif devrait pouvoir être délivré à une adolescente sur une ordonnance établie par un médecin consultable autant que nécessaire pour réévaluer et renouveler sa contraception. L'adolescente n'aurait pas à donner son nom ou sa date de naissance afin de respecter le principe de l'anonymat. Ordonnances et feuilles de soins porteraient le sceau du dispositif « gratuité-contraception ».

Le bilan biologique si nécessaire (bilan glucidique et lipidique, sérologies des IST, PCR *Chlamydia*) serait ordonné et identifié de manière identique. L'information serait diffusée par les infirmières scolaires et les CPEF. Des posters destinés aux adolescentes pourraient être affichés en salle d'attente dans les cabinets ainsi que dans les écoles, pour rappeler leurs droits et signaler qu'un dispositif existe pour leur garantir une prescription de contraceptifs et de préservatifs anonyme et gratuite.

Envisager la confidentialité et la gratuité

Même si l'adolescent demeure sous l'autorité de ses parents jusqu'à sa majorité, il a le droit, comme toute personne, à une vie privée et à une intimité (Code civil, art. 9). La sexualité relève de la sphère privée, donc du droit au respect et au secret professionnel. Pour nombre d'adolescentes, le simple fait d'imaginer l'obligation d'une notification de la prescription contraceptive aux parents peut constituer un obstacle majeur à la contraception[1]. Il en va fréquemment de même pour ces « adolescentes majeures », souvent étudiantes, toujours dépendantes.

Les exigences de confidentialité, de gratuité et de proximité pour l'accès des adolescentes à la contraception peuvent être satisfaites, mieux qu'aujourd'hui, par la mise en place de dispositifs concertés au plan départemental, entre les divers acteurs de santé concernés. L'objectif serait d'augmenter le nombre de lieux permettant un accueil gratuit et confidentiel des jeunes en quête d'informations, de conseils et d'orientation. Le système de tiers payant avec une convention établie entre la CPAM et les praticiens semble bien répondre à cette attente et a prouvé son efficacité dans le département du Bas-Rhin puisqu'on y enregistre une diminution du nombre des IVG chez les mineures. On peut aisément généraliser ce type de dispositif à l'ensemble du territoire. Afin d'améliorer l'accès à la contraception en milieu rural, le dispositif doit privilégier les zones dépourvues

1. Alvin P., Neu-Janicki A.-M., Jacquin P., Salinier C., « Les adolescents et la contraception. Que devrait savoir le pédiatre ? », *Arch. pédiatr.*, 2002, 9, p. 187-195.

de CPEF. En matière d'accès à la contraception, les infirmières scolaires, les pharmaciens, les sages-femmes ont un rôle essentiel à jouer, rôle qui va progressivement augmenter suite à l'application de la loi HPST.

Les jeunes majeures entre 18 et 25 ans sont dans la même situation : elles dépendent de la carte Vitale de leurs parents et pourraient également bénéficier d'un dispositif d'anonymat et de gratuité. Ces mesures préventives devraient permettre de diminuer le nombre d'IVG des mineures, et probablement le nombre global d'IVG en France. Elles mettraient fin à l'incohérence de notre système qui revient à faciliter le recours à la contraception d'urgence ou à l'IVG mais pas à la contraception en amont.

Mais tous ces dispositifs ne permettront d'atteindre notre but collectif, diminuer les grossesses non prévues chez les jeunes, que s'ils sont adossés au préalable incontournable d'une information à la sexualité dispensée sur tout le territoire national et ce, au mieux, dès le plus jeune âge.

CHAPITRE 3

NOS 18 PROPOSITIONS

1. Confidentialité constante et crédible de la consultation et de la délivrance de la contraception aux mineures.

2. Gratuité de l'ensemble des moyens contraceptifs et des préservatifs jusqu'à 18 ans (et sous conditions de ressources de 18 à 25 ans) au travers d'un « forfait contraception pour mineures » proposé par l'État aux laboratoires pharmaceutiques volontaires[1].

3. Créations de réseaux pluridisciplinaires d'orthogénie (médecins, pharmaciens, sages-femmes, infirmières scolaires, conseillers conjugaux, CPEF et MFPF) pour les jeunes couvrant tout le territoire national et formation spécifique des professionnels de santé participant à ces réseaux de prévention. Préparer le corps médical à la pratique de la première consultation en contraception de l'adolescente et la rémunérer sous forme d'un C2 une fois dans la vie de la femme.

1. Ce forfait pourrait être fixé à une hauteur approximative de 7 euros par mois et par mineure pour les contraceptions innovantes ne figurant pas au tableau des produits pharmaceutiques remboursés. Le coût annuel par mineure serait donc de l'ordre de 80 euros, s'ajoutant au prix d'une consultation annuelle de renouvellement. Ce coût doit être mis en regard du coût d'une IVG (de l'ordre de 350 euros) qui ne tient compte ni des frais occasionnés par les suspicions de grossesse, ni de la contraception d'urgence, ni des conséquences psychologiques des IVG des mineures si difficiles à mesurer.

4. Application de la loi de 2001 sur l'information à la sexualité en milieu scolaire sous la responsabilité du ministre de l'Éducation nationale assortie d'un contrôle de l'exhaustivité des établissements où la loi est appliquée correctement par les rectorats.

5. Rémunération des professionnels libéraux qui participent à l'application de la loi de 2001 au prorata de leur engagement horaire validé par le réseau pluridisciplinaire d'orthogénie.

6. Pour les enfants en maternelle et primaire, par l'intermédiaire des maîtres des écoles formés dans leur cursus à cette nouvelle mission, dispenser des informations sur la vie affective, émotionnelle, sentimentale et sur le respect de soi-même dans un rapport au corps sexué.

7. Constitution des ressources humaines pour l'information à la sexualité en milieu scolaire.

8. Mesure du taux de grossesse chez les mineures par les ARS dans chaque canton pour savoir où les jeunes femmes sont les plus exposées et y intensifier la prévention.

9. Réorienter les campagnes médiatiques vers les parents.

10. Organiser une résistance institutionnelle, collective et sociétale à la diffusion libre et marchande de la pornographie auprès des jeunes (taxation dissuasive de l'exploitation et de la vente de pornographie et information précoce des jeunes sur les dangers de cette addiction). Production d'un numéro de carte bancaire avant l'affichage de la première image pornographique.

11. Créer des lieux d'accueil parents-enfants pour qu'une écoute psychologique gratuite, anonyme et sans rendez-vous puisse être offerte à tous les parents quel que soit l'âge de leur enfant[1], où ils puissent trouver de l'aide quand ils se trouvent en difficulté.

1. Sur le modèle de l'association pour la prévention, la promotion de la santé psychique des familles (PPSP) et de son lieu d'accueil « Les pâtes au beurre », un appartement pour les parents, véritable maison de la parentalité créée par un des auteurs en 1999 (Sophie Marinopoulos). Siège social à Nantes en Loire-Atlantique.

12. Diffuser plus largement le « Double Dutch », contraceptifs + préservatifs, pour contrer l'utilisation exclusive du préservatif en pensant à y associer tous les modes d'administration de la contraception hormonale.

13. Diffuser et prescrire plus largement les contraceptions qui ne dépendent pas de l'observance de la jeune femme.

14. Mettre en avant par l'éducation la responsabilité des jeunes hommes dans la contraception.

15. Informer les parents des lieux où leurs enfants peuvent disposer d'informations, d'aide et d'écoute adaptée dans le domaine de la sexualité.

16. Intégrer une formation à l'éducation sexuelle pour tous les adultes qui encadreront des jeunes (enseignants, BAFA).

17. Uniformiser et clarifier la gestion des centres pouvant venir en aide aux jeunes (intitulé unique).

18. Créer un outil de communication national[1] donnant l'inventaire des centres disponibles pour venir en aide aux jeunes sous la responsabilité de l'INPES.

---

1. Sur le modèle de la plate-forme anglaise qui offre un service complet de cartographie des centres, des forums de discussion et de fiches pédagogiques.

ANNEXES

ANNEXE 1

LETTRE DE MISSION DE JEANNETTE BOUGRAB

Secrétariat d'État chargé de la Jeunesse et de la Vie associative

La secrétaire d'État

Paris, le 2 mai 2011

Monsieur le Professeur,

Malgré une très large utilisation des moyens de contraception, le nombre de grossesses non désirées reste élevé comme le montrent les résultats d'enquêtes épidémiologiques. En 2007, 227 000 interruptions volontaires de grossesse ont été enregistrées. Or près de la moitié de ces IVG (110 000) ont concerné des jeunes filles âgées de moins de 25 ans et pour 14 000 d'entre elles des jeunes filles de moins de 17 ans.

Cette situation est, en fait, emblématique d'un double paradoxe. Le premier nous renvoie à la coexistence d'une contraception pourtant répandue alors même que le nombre d'IVG demeure élevé. Le second repose sur le constat que *la moitié des IVG concerne des jeunes femmes qui utilisent une méthode de contraception*.

Les enquêtes nous renseignent, en effet, sur les causes de ces grossesses non désirées pour lesquelles les « oublis » ou encore les « erreurs » constituent les trois quarts des motifs invoqués.

De toute évidence, l'information ne peut suffire à endiguer un phénomène dont les conséquences sur l'intégrité physique des jeunes filles ou encore sur le plan psychologique peuvent être dramatiques.

C'est pourquoi, eu égard à la complexité de ce sujet et à l'engagement qui est le vôtre en la matière, je souhaite vous confier une mission d'étude destinée à m'éclairer sur les modalités d'une action visant à améliorer cette situation.

Cette démarche est évidemment complémentaire du travail éducatif réalisé auprès des jeunes filles dans les établissements scolaires et au sein des structures telles que le planning familial.

Il s'agira dans un premier temps de dresser un état des lieux des actions aujourd'hui engagées. Cet état des lieux devra permettre une mise en perspective de la situation que nous connaissons dans notre pays au regard de celle de nos voisins européens. Il contribuera, à cet égard, *à identifier les bonnes pratiques*.

Il conviendra dans un deuxième temps d'énoncer des préconisations de nature à permettre de préciser ce que pourrait être la contribution spécifique du ministère de la Jeunesse, notamment dans le domaine de la prévention.

Pour mener à bien votre mission, vous pourrez vous appuyer sur les travaux conduits par la *Délégation aux droits des femmes de l'Assemblée nationale présidée par Mme Marie-Jo Zimmermann, députée de la Moselle, ainsi que sur les conclusions du rapport du Conseil d'analyse stratégique qui me seront prochainement remis*.

Vous pourrez, en outre, bénéficier de l'appui des services de la direction de la jeunesse, de l'éducation populaire et de la vie associative (DJEPVA) ainsi que de ceux de l'Institut national de la jeunesse et de l'éducation populaire (INJEP).

Vos investigations donneront lieu à une contribution en deux temps. Un prérapport centré sur le recensement des actions existantes qui sera remis pour le mois de juin 2011. Le rapport définitif est, quant à lui, attendu pour le mois d'octobre 2011.

Je vous prie de croire, Monsieur le Professeur, à l'assurance de mes meilleurs sentiments.

Jeannette BOUGRAB

ANNEXE 2

PROPOSITION DE CONTENU DE LA FORMATION DU CNPGO SUR LA PREMIÈRE CONSULTATION DE CONTRACEPTION D'UNE ADOLESCENTE DONNANT ACCÈS À UN C2 UNIQUE POUR UNE PATIENTE

L'acte médical de prescription d'une contraception ne signifie pas que l'on parle de sexualité. Or l'un ne va pas sans l'autre, et savoir aborder en consultation les premiers pas sexuels, c'est déjà difficile, mais ça l'est encore plus quand il s'agit d'un adolescent. Cette consultation est donc double : une partie technique assez simple qui ne diffère pas grandement d'une consultation de contraception chez une femme adulte, et une partie psychologique qui est bien plus délicate et donc plus longue.

La connaissance de la psychologie de l'adolescent est ici indispensable et n'est aujourd'hui pas enseignée dans les facultés de médecine. D'où cette proposition de formation complémentaire.

Partie médicale et technique

– Parfaire les connaissances physiologiques sur l'adolescence.

– Indications et contre-indications spécifiques aux adolescentes.

– Bénéfices et risques des divers contraceptifs.

– Comment améliorer l'observance : les contraceptions indépendantes de la volonté et les contraceptions longue durée.

Partie abord psychologique de l'adolescent

– Les valeurs : autonomie, respect de soi et de l'autre.

– Relations amoureuses à l'adolescence : la première relation sexuelle.

– Orientation sexuelle, pressions et normes sociales.

– Évaluer la maturité sexuelle et le mode de vie d'une adolescente.

– Évaluer son appétence aux prises de risque et addictions.

– La réalité d'une grossesse non prévue poursuivie ou interrompue.

– Droits et devoirs des garçons (ce que c'est que de devenir père).

Comment gérer une première consultation de contraception

– Présence de la mère ?

– Créer une relation de confiance et apprivoiser.

ANNEXE 3

QUELQUES ÉLÉMENTS ÉPIDÉMIOLOGIQUES SUPPLÉMENTAIRES

L'accès à l'IVG suppose un certain niveau d'information : il existe en effet des inégalités sociales dans la possibilité d'avoir recours à l'avortement et cela a été démontré en Angleterre[1] chez les adolescentes où le pourcentage d'avortements chez les moins de 20 ans est d'autant plus élevé que l'on se trouve dans une région plus favorisée sur le plan économique. Aux États-Unis[2], le pourcentage de grossesses non planifiées est plus élevé dans les groupes sociaux défavorisés mais, en cas de grossesse non planifiée, le taux d'avortement est plus élevé dans les groupes intermédiaires que dans les groupes défavorisés. L'analyse des femmes concernées montre que ce sont essentiellement les femmes qui vivent seules qui ont recours à l'IVG. Les difficultés sont accrues pour les mineures qui ne savent pas toujours où s'adresser et cachent leur grossesse dans la plus grande solitude jusqu'à risquer de dépasser le délai légal.

Si les différentes méthodes ont des efficacités diverses, c'est plus la motivation des utilisatrices qui conditionne l'efficacité réelle. Malgré une augmentation de l'accessibilité à certaines contraceptions encore peu utilisées (pilule du lendemain,

---

1. Smith T., « Influence of socio-economic factors on attaining targets for reducing teenage pregnancies », *Br. Med. J.*, 1993, 306, p. 1232-1235.

2. Darroch Forrest J., « Epidemiology of unintended pregnancy and contraceptive use », *Am. J. Obstet. Gynecol.*, 1994, 170, p. 1485-1489.

contraception locale), il restera toujours un nombre incompressible de grossesses non désirées.

Les femmes qui ont recours à l'avortement au même titre qu'à un autre moyen de contraception sont plus jeunes au premier avortement et courent un risque plus grand d'avortement répété. La probabilité de subir un avortement supplémentaire augmente avec le nombre d'avortements antérieurs. Chez les femmes qui ont avorté en 1976, cette probabilité passe de 15 % si elles en étaient à leur premier avortement, à 22 % et 28 % si elles avortaient pour la deuxième ou la troisième fois, et ces deux dernières fréquences sont stables. En 2002, il semble que cet effet soit moins prononcé : la diffusion de la contraception a permis une baisse du nombre de femmes ayant recours à l'IVG une fois dans leur vie, mais la part des IVG itératives est en constante augmentation depuis 1994.

Probabilité d'un avortement supplémentaire[1]

Nombre d'IVG antérieures	1976	1985	2002
1	0,15	0,18	0,28
2	0,22	0,22	0,23
3	0,28	0,28	0,25

Ces chiffres montrent le rôle de l'avortement dans notre pays où il est plus palliatif d'échec de contraception que substitué à celle-ci[2].

Dans les pays où la contraception est peu diffusée, la probabilité d'avoir un deuxième avortement est proche de 60 % (Hongrie), et la part des avortements de rang « 2 et plus » est toujours supérieure à 50 %. Même aux Pays-Bas qui ont un plus faible taux d'avortement par femme (0,3 IVG par femme au cours de sa vie), la répétition de l'avortement chez les femmes qui en ont subi un est de niveau comparable à celui observé en France.

1. Blayo C., « La conjoncture démographique en France. L'évolution du recours à l'avortement en France depuis 1976 », *Population*, 1995, 3, p. 779-810.

2. Rossier C., Toulemon L., Prioux F., « Évolution du recours à l'interruption volontaire de grossesse en France entre 1990 et 2005 », *Population*, 2009, 64 (3), p. 495-529.

L'ambivalence vis-à-vis de la grossesse ou de la naissance d'un enfant est souvent associée au choix de méthodes moins efficaces ou à une moins bonne observance des règles d'utilisation du contraceptif (par ailleurs efficace) utilisé.

À un âge donné, et quel que soit cet âge, la probabilité d'avoir un avortement supplémentaire augmente avec le nombre d'avortements déjà subis mais aussi avec l'âge lors du premier avortement : avoir eu un premier avortement à 15-17 ans, ou deux avortements à 20 ans, c'est appartenir à un groupe de femmes plus enclines que d'autres à recourir à ce mode de prévention des naissances. Chez les femmes ayant avorté en 1979, alors qu'elles étaient âgées de 20 à 25 ans, la probabilité de subir un nouvel avortement dans les douze années qui suivent a été de l'ordre de 20 % si l'avortement de 1979 était le premier, de 26 % si c'était le deuxième et de plus de 40 % si c'était le troisième. Cet effet a diminué dans les années récentes, sauf pour les femmes de moins de 20 ans.

De plus, le nombre d'enfants nés de mères de 18 ans et moins était en 1987 de 6 043 et de 646 pour les mères de moins de 16 ans. Depuis, le nombre de conceptions chez les adolescentes a baissé, mais, quand elles surviennent inopinément, ces grossesses aboutissent moins souvent à une naissance[1].

1. Brouard N., Kafe H., « Comment ont évolué les grossesses chez les adolescentes depuis vingt ans ? », *Population & sociétés*, 2000, 361, p. 1-4 ; Vilain A., « Les interruptions volontaires de grossesse en 2004 », *Études et résultats*, 2006, 522, Direction de la recherche, des études, de l'évaluation et des statistiques (DRESS).

ANNEXE 4

RENCONTRE DU 22 SEPTEMBRE 2011 AVEC L'ASSOCIATION ALLIANCE POUR LES DROITS DE LA VIE

Caroline Roux secrétaire générale d'Alliance pour les droits de la vie ; responsable du service d'écoute de l'association

Xavier Mirabel, oncologue, président de ce mouvement depuis dix ans

L'association a souhaité rencontrer les auteurs du rapport pour exprimer sa solidarité vis-à-vis des êtres humains les plus fragiles en fin de vie, comme en début de vie.

Cette association est responsable du site « SOS Bébés » qui aide sur Internet et par téléphone les femmes qui ont des difficultés avec leur grossesse.

Cette expérience a permis à l'association d'établir les constats suivants :

– Très grand isolement des jeunes après IVG et difficultés psychologiques chez les personnes qui s'adressent à l'association après l'IVG.

– Pressions fréquentes de l'entourage des femmes qui vont parfois jusqu'à l'avortement forcé. Il s'agirait de véritables violences faites aux femmes.

– Pression des adultes référents et véritable engrenage dans le système éducatif orientant certaines jeunes femmes vers l'IVG sans que celles-ci soient réellement conscientes des enjeux de l'IVG. Une pression des enseignants et infirmières scolaires donnerait aux jeunes femmes l'impression de ne pas avoir eu de choix.

– Un autre élément ajoute à cette impression d'urgence, c'est la pression du temps liée aux délais pour avoir encore le recours possible à une IVG médicamenteuse, voire à une IVG à domicile plus discrète vis-à-vis de l'entourage familial.

– Il y a une peur de ne plus être aimée par les parents parce qu'on est enceinte, une peur en quelque sorte de les décevoir.

– Les parents confrontés à la grossesse non souhaitée de leur fille ont l'impression d'être de mauvais éducateurs.

– Est-ce qu'on doit dessaisir les parents de leur autorité par la suppression de l'autorisation parentale en oubliant les secrets de famille que cette confidentialité peut générer ?

– L'association n'est pas favorable au maintien de cette confidentialité possible pour les jeunes par rapport à leurs parents, pas seulement pour l'IVG mais également pour la contraception.

– Elle signale que des jeunes femmes disent ne pas avoir été suffisamment prévenues des conséquences psychologiques possibles après une IVG et rappelle qu'il existe souvent un attachement des jeunes femmes à la grossesse à qui on fait violence quand on les avorte.

Les propositions de l'association

Mettre en place une médiation « parents-enfants » libre mais chacun reconnaît les difficultés d'en définir les contours organisationnels. Il n'y aurait pas d'obligation mais une tentative d'entamer un dialogue entre parents et enfants.

Faire réfléchir institutionnellement les autorités morales des cultures différentes sur notre territoire sur les enjeux de ce type de dialogue.

Faire un travail d'évaluation épidémiologique sur les conséquences de l'IVG chez les mineures.

Mais est-ce qu'il est possible de mesurer les séquelles psychologiques ? Entre la clinique et les études, grandes discordances.

Est-ce qu'on offre des aides aux jeunes femmes qui souhaitent poursuivre leur grossesse ?

Comment aider les jeunes à avoir une sexualité responsable :

– Est-ce qu'ils sont correctement informés ?

– Est-ce que les émetteurs sont crédibles et qu'est-ce que les jeunes entendent ?

– Beaucoup de messages sanitaires sans véritable éducation affective.

– Le paradoxe contraceptif n'est pas assez mis en valeur et les accidents ne sont pas assez mis en exergue. Grande croyance populaire dans la puissance de la médecine.

– La contraception nécessite une certaine maturité. Les « pass'contraception » sont une incitation à avoir une relation sexuelle. Ils sont présentés comme un droit à partir de la seconde, donc il faut avoir des rapports à partir de la seconde.

– La diffusion de la pilule du lendemain fait diminuer l'utilisation d'une vraie contraception.

– Différences entre les perceptions des garçons et des filles.

– Nécessité d'une école des parents.

– On dit à tout le monde en séance plénière ; il faudrait un enseignement à la carte et tenir compte de l'écoute spécifique des jeunes en prenant en considération leur milieu familial.

– On forme les jeunes à la prévention et pas à l'éducation affective.

– Il ne faut pas que les séances d'éducation à la sexualité soient le lieu pour bousculer les enfants en leur parlant de sodomie.

– Campagnes publiques pour dénoncer la pornographie.

ANNEXE 5

RENCONTRE AVEC LE BUREAU NATIONAL DU SYNDICAT NATIONAL DES INFIRMIERS ET ÉDUCATEURS DE SANTÉ (UNION NATIONALE DES SYNDICATS AUTONOMES DE L'ÉDUCATION)

Béatrice Martinez
Michèle Amalric

Ce corps professionnel travaille auprès des jeunes et effectue un suivi des enfants dès le CP jusqu'à l'adolescence. Dépendants de l'Éducation nationale, ces professionnels sont responsables d'un nombre variable d'élèves selon la taille des établissements (de 1 600 élèves à 3 000 élèves). Les élèves vont spontanément vers les locaux de la vie scolaire et demandent à voir les infirmières. Les informations en milieu scolaire sont importantes car elles peuvent renvoyer vers les infirmières scolaires en cas de problème.

Le début d'année est plutôt consacré aux bilans médicaux auprès des classes de CP. Chaque académie fonctionne en autarcie sur les priorités mises en œuvre.

Pour le second degré, il y a une écoute des élèves et un enregistrement des données sur le logiciel SAGESSE qui permet d'avoir des statistiques sur les fiches d'infirmerie des élèves. Ce logiciel a une case « contraception d'urgence ». Les résultats ne sont jamais utilisés ou peu exploités, ce qui fâche les infirmières scolaires. Pas de collecte nationale ni d'exploitation de ces données qui sont pourtant gardées pendant trente ans. Les violences y sont également notées. La demande de contraception du lendemain en collège n'est pas très importante sauf en milieu rural. Il y a des régions de France où l'accès à la contraception est impossible. Par exemple, à Pésenas, les jeunes doivent se rendre au MFPF pour obtenir un bon qui leur permet d'aller ensuite chez le médecin. Les jeunes femmes y renoncent car c'est trop compliqué. À Saint-Pons, l'accès à la contraception est impossible et l'accès en pharmacie est impossible car chaque ado sait que ça va se dire. En Lozère, dans les Corbières, il n'y a pas de structure adaptée et, quand il y a la structure, elle n'est ouverte que deux heures par semaine. Les populations qui se trouvent dans ces établissements sont plus en difficultés que dans les zones urbaines et auraient besoin de plus d'accompagnement.

Le texte initial de la contraception d'urgence est ambigu et, de fait, certaines collègues prennent ombrage de cela pour ne pas délivrer la contraception d'urgence si un médecin n'a pas vu préalablement la jeune femme.

Une fiche de suivi accompagne la délivrance de la contraception d'urgence et le travail est plutôt bien fait sur le territoire national. Ce suivi donne une occasion de donner des informations et de voir si le rapport est consenti ou non. Les élèves des collèges ignorent souvent jusqu'à la disponibilité de la contraception d'urgence dans leur établissement, tant l'information à la sexualité est manquante. Quand il y a de l'information à la sexualité dans un établissement, les choses s'y passent plutôt mieux. Mais alors, tout dépend de la qualité de l'information. De gros problèmes avec les horaires d'ouverture des centres de planning et de planification qui tiennent rarement compte de ce qui pourrait le plus arranger les jeunes. Les pharmacies améliorent la discrétion de leurs prestations. Les infirmières ont l'impression d'un plus jeune âge des jeunes qui sollicitent la contraception d'urgence.

Ce qui pourrait améliorer la situation, d'après cette association, c'est l'autorisation de renouvellement de la contraception (loi HPST) par les infirmières (attente de décret) et la gratuité de la contraception.

Elles signalent enfin que ces problèmes ne sont pas la priorité des chefs d'établissement et qu'ils considèrent souvent comme facultatif le fait d'informer à la sexualité. Il n'y a donc pas de créneau horaire pour cela. Certains professeurs de SVT se cachent derrière leurs obligations de couvrir leur programme d'enseignement. Les distributeurs de préservatifs sont vides car personne ne les maintient approvisionnés. Il n'y a pas de budget pour les préservatifs dans les collèges car, en fait, il n'y a pas d'acceptation de la sexualité des jeunes par certains chefs d'établissement.

ANNEXE 6

RENCONTRE AVEC LE GROUPE NATIONAL D'INFORMATION ET ÉDUCATION SEXUELLE (GNIES)

Personnes rencontrées :
Michèle Dercohe (FCPE),
Christine Mauget (planning familial),
Valérie Sipahimalani (SNES-FSU),
Dr Corinne Vaillant (SNMSU-UNSA-éducation et GNIES)

Le Groupe national information et éducation sexuelle agit en faveur d'une éducation sexuelle citoyenne et responsable au sein de l'école, en complément du rôle de la famille, et dans un cadre partenarial. Composé de mouvements populaires, associations de parents, syndicats de personnel de l'Éducation nationale, il intervient auprès des pouvoirs publics pour favoriser la mise en œuvre de cette éducation auprès des jeunes dans un esprit humaniste. C'est un collectif coordonné par l'UNSA-éducation.

Le GNIES a obtenu cette année la réactivation effective du CSIS (Conseil supérieur de l'information sexuelle) sous la présidence du ministre des Affaires sociales. Il participe aux trois groupes de travail sur :

– La prévention des violences faites aux femmes, spécifiquement des mutilations sexuelles et des mariages forcés.

– L'organisation du système de soins en matière d'IVG et grossesses non prévues et contraception.

– Une commission *ad hoc* des travaux antérieurs du CSIS.

Le GNIES milite pour une éducation à la sexualité dans des valeurs humanistes. Il place l'homme et sa capacité de libre choix au cœur d'une éducation à la responsabilité et la tolérance. La sexualité, les rapports hommes/femmes dans nos sociétés et différentes cultures restent des enjeux majeurs.

Le GNIES agit pour favoriser l'éducation à la sexualité dans le cadre de la formation du citoyen, dans une notion de responsabilisation individuelle et collective et dans le respect de la liberté de la personne. Il la situe en politique de prévention qu'il s'agisse des IST, des violences sexistes, des enfermements addictifs, des troubles mentaux, des violences racistes et homophobes.

Il demande :

1. Une amélioration des objectifs d'éducation à la sexualité dans les établissements scolaires

– Rappeler dans les circulaires de rentrée l'importance de l'éducation à la sexualité et de sa transversalité.

– Intégrer à part entière l'éducation à la sexualité dans le cadre de la politique de santé des académies, en tenant compte des orientations définies au niveau national et du contexte local.

– Réaliser une évaluation prenant la forme d'une mission conjointe de l'IGAS et des inspections académiques de l'Éducation nationale pour recenser les problèmes posés.

– Prévoir un temps d'enseignement des processus de la procréation et de la reproduction suffisant pour tous les niveaux d'âge, quelle que soit l'orientation : l'organisation des séances d'éducation à la sexualité appelle des mesures spécifiques en matière d'emploi du temps scolaire, des horaires...

– Assurer cohérence et continuité dans la prévention et les projets d'éducation à la sexualité au cours de la scolarité, en s'appuyant sur le pilotage des médecins de l'Éducation nationale, formés spécifiquement à l'éducation à la sexualité et en mesure de s'articuler avec les agences régionales de santé et les partenaires.

– Renforcer et revaloriser la médecine scolaire pour améliorer la prévention.

– Inscrire systématiquement l'éducation à la sexualité dans les projets d'établissement.

– Au sein des comités d'éducation à la santé et à la citoyenneté ou du conseil d'école, s'appuyer sur les compétences affirmées des personnels de l'Éducation nationale, médecins, infirmières, assistants sociaux, enseignants, qui ont développé des savoir-faire et savoir-être avec les élèves dans le cadre de projets d'éducation à la sexualité et impliquer davantage les fédérations de parents dans le dispositif.

– Développer le partenariat dans un cadre conventionnel avec mise en place d'une charte pour les intervenants.

– Rendre les jeunes acteurs et développer l'éducation à la sexualité par les pairs (conseil de la vie lycéenne, partenariat étudiant).

– Accompagner les jeunes dans la réflexion sur leurs représentations et travailler sur la construction individuelle et sociale de la personne et sa relation aux autres dans le respect mutuel en développant les espaces de parole.

– Permettre l'accès à l'éducation à la sexualité aux jeunes hors système scolaire en direction des populations en situation difficile, non scolarisées (PJJ).

– Handicap : *par ailleurs, l'éducation à la sexualité et l'accès à l'IVG pour les personnes handicapées posent problème*. Il est de la mission de l'école d'assurer de façon adaptée l'éducation à la sexualité d'un jeune en situation de handicap s'il est scolarisé. Malgré la loi de 2001, qui prévoit une obligation d'éducation à la sexualité également dans les structures accueillant des personnes handicapées, force est de constater que celle-ci y est très insuffisamment mise en œuvre, alors que les questions touchant à la sexualité sont d'autant plus compliquées à gérer. La formation de tous les personnels dans ces structures sur la sexualité, la contraception et l'IVG (accès et dispositifs existants) est nécessaire et à développer. Cette éducation ainsi que la formation peuvent être mises en place dans le cadre d'un partenariat (institution, associations).

– Mettre en place, comme le préconise le rapport de l'IGAS un indicateur de suivi de l'éducation à la sexualité de type « lycée sans tabac ».

2. Une formation à l'éducation à la sexualité dans une éthique partagée

– Inscrire systématiquement l'éducation à la sexualité dans le projet académique de formation.

– Actualiser la formation des personnels de l'Éducation nationale déjà formés (médecins, équipes de formateurs de l'Éducation nationale).

– Assurer la formation de nouvelles équipes de formateurs.

– Mieux structurer et développer le partenariat avec les associations et organismes compétents dans le cadre du projet académique, permettant de s'accorder sur une éthique partagée, de définir une culture commune et de construire des modalités d'intervention auprès des jeunes.

– Ouvrir ces formations aux jeunes.

– Articuler les projets avec les agences régionales de santé.

L'éducation à la sexualité à l'école doit s'appuyer sur les compétences des personnels de l'Éducation nationale et développer le partenariat. L'éducation à la sexualité doit faire partie du projet éducatif dans les écoles (dès le premier degré et de façon adaptée à l'âge).

Il faut s'appuyer sur :

– Le rôle du CESC dans l'établissement, sous la responsabilité du chef d'établissement à développer (circulaire n° 2006-197 du 30 novembre 2006). Celui-ci, qui devait s'articuler avec le PRSP, devrait dorénavant s'articuler avec les ARS.

– Le savoir-faire en méthodologie de projets des médecins de l'Éducation nationale (formés spécifiquement à l'EHESP à l'éducation à la sexualité), leur rôle de formateurs (position de maîtres de stages à développer et articulation avec les facultés de médecine), le lien qu'ils sont en mesure d'établir entre ARS et Éducation nationale sur les projets de santé, y compris sur la sexualité.

– Les compétences des personnels de l'Éducation nationale pour la mise en œuvre du projet : médecins, assistantes sociales (formées à l'animation de groupes), infirmières et le rôle des enseignants en transversalité. Un discours adapté au public est nécessaire (âge, ZEP, Segpa...).

– L'exigence d'intégration de l'éducation à la sexualité dans les programmes.

– Un temps d'enseignement des processus de la procréation et de la reproduction suffisant est justifié pour tous les niveaux d'âge, quelle que soit l'orientation.

– Le partenariat agréé dans le cadre national et/ou rectoral à développer avec un bilan sur les modalités de financement pour assurer une cohérence.

– Les besoins des jeunes hors école ou spécifiques (établissements médico-sociaux) sont à prendre en compte.

Il s'agit ne pas oublier les jeunes non scolarisés, population difficile sortie du circuit scolaire, ou en situation de handicap dans les établissements spécialisés. L'éducation à la sexualité des jeunes en situation de handicap scolarisés en établissement spécialisé est à développer, ainsi que la formation des personnels soignants. À noter que le planning familial dispose d'expérience à cet égard.

3. Contraception : principe de la contraception anonyme et gratuite pour les mineures

– Dans le cadre de l'expérimentation du pass'contraception, la LMDE nous a fait remarquer qu'il reste difficile de trouver les prescripteurs.

– À l'école, les médecins de l'Éducation nationale peuvent être prescripteurs mais reste le problème du remboursement. Les intégrer dans les dispositifs existants (voir courrier DGS) pour une première contraception.

– Autre problème : le dispositif exclut les garçons (demandent tests sida, préservatifs).

– Accessibilité, anonymat et gratuité pour les 14-25 ans. Projet en application dans le département du Cher.

– Convention quadripartite : CPAM, conseil général, syndicats des pharmaciens, association de laboratoires et mise en place d'un numéro d'anonymisation pour le remboursement.

– Consultation gratuite par centre de planification (médecine générale ?, médecin de l'Éducation nationale ?).

– Produits de contraception, actes cliniques, biologiques, diagnostic et traitement des IST devraient être remboursés par la Sécurité sociale (loi Calmat du 23 janvier 1990 et du décret du 30 août 2000), les frais de fonctionnement des centres de planification par les conseils généraux.

– Améliorer le relais possible sur le terrain des campagnes nationales sur la contraception par une meilleure articulation avec l'INPES (dates prévisionnelles des campagnes à faire connaître préalablement aux acteurs de terrain par mailing ou courrier).

– Noter que la pilule du lendemain est comptabilisée sur le budget infirmerie de l'établissement scolaire et non par la CPAM.

– Intérêt de la répartition des centres de planification sur l'ensemble du territoire.

4. IVG

Problématique dans le cadre scolaire de l'accompagnement d'une mineure pour réaliser une IVG qui devrait être reconnue pour le personnel de l'Éducation nationale comme un acte volontaire mais effectué en lien direct avec l'exercice professionnel et non à titre privé. Voir formulation actuelle de la DAJ.

ANNEXE 7

DOCUMENT FOURNI PAR LA CONFÉDÉRATION NATIONALE DES ASSOCIATIONS FAMILIALES CATHOLIQUES (CNAFC)

Personnes rencontrées :
Pascale Morinière, vice-présidente
Vincent Porteret, délégué général
Cette confédération représente 30 000 familles. Elle est membre de l'UNAF, et existe depuis cent ans.

La diffusion généralisée à toutes les lycéennes du pass'contraception est envisagée pour répondre à l'augmentation du nombre de grossesses non désirées et d'IVG dans cette tranche d'âge.

« Préparer les jeunes filles à leur future vie sexuelle plutôt que de les consoler au passage dans les salles d'opération des hôpitaux constitue un objectif facile à partager avec l'ensemble de la société française » (Pr Israël Nisand).

Un problème de santé publique

– La CNAFC constate la stabilité du nombre d'IVG dans la population générale, autour de 14 pour 1 000 chez les 15-49 ans (14/1 000 en 2000 et 14,7/1 000 en 2007).

– Mais on constate une augmentation principalement chez les adolescentes : de 4,7 à 6 pour 1 000 entre 2001 et 2007.

La contraception n'a pas démontré son efficacité pour faire régresser le nombre d'IVG

Ainsi que le montrent les rapports du Centre d'analyse stratégique (juin 2011) et de l'IGAS (octobre 2009) :

– La France détient le record mondial du recours aux contraceptifs (90 %).

– Deux tiers des femmes ayant recours à l'IVG ont déjà un moyen contraceptif.

– En termes de recours à l'IVG, la France se situe, selon l'OMS, au septième rang sur vingt pays d'Europe occidentale.

Au final, « la diffusion massive de la contraception n'a pas fait reculer le nombre des IVG ».

Quel bilan pour les « contraceptions d'urgence » ?

Le Norlevo, lancé en 1999 avec l'espoir de faire régresser le nombre de grossesses chez les adolescentes, n'a clairement pas répondu à cet objectif malgré les 450 000 unités délivrées annuellement. EllaOne, commercialisé depuis 2009, a suscité les mêmes « espoirs » lors de son lancement. Son impact a-t-il été déjà été évalué ?

Stabilité du nombre de grossesses adolescentes

Le nombre de grossesses semble relativement stable. Ce qui augmente, c'est le nombre d'IVG.

Pour 18 000 grossesses, 70 % aboutissent à une IVG en 2006, soit 11 000 IVG, contre 40 % il y a trente ans, soit 4 500 IVG.

Nathalie Bajos explique cette situation par la modification de la « norme procréative » qui fait que, pour un même nombre de grossesses non désirées, on aura plus facilement recours à l'IVG. Tout se passe comme si – à partir d'un certain seuil ou dès le début ? – la contraception contribuait à augmenter le nombre d'IVG.

Il semble donc qu'un renforcement supplémentaire du dispositif contraceptif en direction des jeunes aurait comme résultat d'augmenter encore le nombre d'IVG.

Qui sont ces toutes jeunes femmes qui ont recours à l'IVG ?

Derrière ces chiffres, il semble nécessaire de bien distinguer différentes populations (*cf.* l'expérience du centre éducatif

Anjorrant à Nantes qui suit les adolescentes enceintes). Il apparaît ainsi, par exemple, que les adolescentes enceintes sont dix fois plus nombreuses que les autres à avoir quitté le système scolaire. Et, parmi celles qui sont scolarisées, 50 à 75 % quittent l'école en cours de route. De manière plus fine, une étude plus poussée analysant les catégories de jeunes filles devant faire face à une grossesse aiderait à trouver les stratégies de lutte efficaces : il semblerait qu'il y ait : 1) celles pour qui la grossesse relève d'une norme culturelle, 2) celles qui utilisent l'IVG comme un passage à l'acte, 3) les victimes de violences, d'abus sexuels, de l'alcoolisation, etc., 4) et les « oublis » de contraception (Pr Michèle Uzan et centre Anjorrant).

Le rôle des parents

Les parents sont les premiers éducateurs de leurs enfants. Cela ne concerne pas que la petite enfance, mais bien l'accompagnement jusqu'à l'entrée dans l'âge adulte avec ce que cet âge signifie de maturité et d'autonomie. Il est légitime que, sur une question aussi intime et délicate, sur une question que l'on ne peut limiter au champ sanitaire, mais qui impacte les choix de vie, les convictions profondes, les parents ne soient pas contournés.

On ne peut à la fois accuser les parents d'être démissionnaires et mettre en place une information, des dispositifs (accès à une contraception anonyme et gratuite)… qui revient à les « démissionner » d'office !

L'entrée dans la sexualité ne se résume pas à prévenir les IST et verrouiller la fécondité. L'entrée dans la sexualité n'est pas qu'une question technique ordonnée à l'absolu du plaisir. Il s'agit pour les parents d'un enjeu éducatif essentiel car susceptible d'engager la vie future, la vie de couple, la vie familiale de leurs enfants. L'éducation affective et sexuelle est naturellement de leur ressort et non de celui d'un tiers. Comme nous l'avons écrit dans notre brochure *12 Questions à se poser avant de parler de la sexualité* : « Parler de sexualité n'est jamais facile. Surtout aujourd'hui. D'une part, notre société en fait souvent quelque chose de très banal, un sujet parmi les autres pour les documentaires télévisés ou pour les suppléments d'été des magazines. D'autre part, les adultes ne se sentent pas toujours à l'aise vis-à-vis de ce thème et préfèrent parfois faire semblant de ne pas comprendre qu'il s'agit d'une question essentielle, qui touche tout humain au plus profond de son être. Comment alors en parler sans se laisser prendre au piège de la banalisation ? Comment le faire sans prétendre savoir à la place de l'autre ce qui est "bon" pour lui ? » Il est préférable de donner aux parents les moyens d'agir (une évolution de mode d'intervention effectué pour les addictions par la MILDT, par exemple) plutôt que de les déresponsabiliser davantage.

Quelles pistes pour lutter non pas contre les grossesses des adolescentes, mais contre l'IVG ?

En matière d'éducation affective et sexuelle, il faut commencer par appliquer la loi de 2001 et sa circulaire de 2003 : trois interventions par niveau de la maternelle à la terminale chaque année. Les expériences étrangères (Pays-Bas) montrent que plus d'informations entraîne un retard d'entrée dans la vie sexuelle active, moins de partenaires, moins d'IVG et moins d'IST.

Dans le champ des SVT, nous avons noté, à côté de la polémique autour du « Gender », la disparition de l'enseignement de la reproduction dans les classes de première L et ES, ce qui est une aberration dans le contexte actuel.

- Plus d'IVG pourraient être évitées par des mesures d'aide : en particulier, l'entretien psychosocial, aujourd'hui seulement proposé avant une IVG, pourrait être à nouveau un passage obligé permettant à l'adolescente de faire un vrai choix et, peut-être, de limiter les récidives.

— La scolarisation et la lutte contre la déscolarisation sont un pivot du dispositif à mettre en place.

- Enfin, ne pas renforcer le verrou contraceptif qui aurait l'effet inverse à celui recherché.

Pour la CNAFC, le recours à l'IVG prend naissance dans des conceptions erronées de la sexualité – conceptions qui manifestent l'influence de la pornographie dont nous avons mis en évidence l'ampleur et l'impact dans la brochure précitée. Seule une véritable éducation à l'amour, à la relation... constitue le levier susceptible de faire régresser l'avortement.

TABLE

Partie II
Ici et ailleurs

Partie III
Penser la prévention des IVG

Partie VI

Quelles propositions ?

Annexes

Cet ouvrage a été transcodé et mis en pages
chez Nord Compo (Villeneuve-d'Ascq)

Impression Dupli-Print (95)
N° d'impression : 2014031826
N° d'édition : 7381-2756-2
Dépôt légal : mars 2014

Imprimé en France